SILKE R. PLAGGE

MAMI  TO GO

CHECKLISTEN
für die ersten drei Jahre

✔ ENTWICKLUNG & GESUNDHEIT
✔ ALLTAG
✔ RECHT & GELD

Das erste Mal einen Blick auf diesen winzigen Menschen werfen, das erste Lächeln, der erste Zahn, das erste Wort: Im ersten Jahr mit einem Baby ist alles neu und aufregend. Und manchmal auch ziemlich anstrengend. Die Belohnung für schlaflose Nächte und Sorgen? Das unendliche Glück, wenn Ihr Kind sich fest und voller Vertrauen anschmiegt, und diese unbeschreibliche Liebe ...

DAS ERSTE JAHR

GEMEINSAM DEN ALLTAG MEISTERN

DIE ERSTEN WOCHEN

Unfassbar – Sie sind Eltern! Mit der Geburt Ihres Kindes beginnt ein neuer Lebensabschnitt. Genießen Sie den gemeinsamen Start und lassen Sie sich Zeit für das Kennenlernen.

Wochenbett für die ganze Familie planen

✓ **Gut organisiert:** Die erste Zeit mit dem Neugeborenen ist für alle aufregend – Mutter und Kind müssen sich noch von der Geburt erholen, brauchen Pausen und Ruhe. Und der frischgebackene Vater auch. Je besser Sie die ersten Wochen schon in der Schwangerschaft organisieren, desto mehr Zeit haben Sie demnächst für sich und Ihr Kind.

✓ **Viel Nähe und viel kuscheln:** So viel gemeinsame Zeit wie möglich sorgt für ein besonderes Band zwischen Mama, Papa und Baby.

✓ **Auf Bedürfnisse achten:** Rund um die Uhr auf einen kleinen Menschen zu achten und ihn zu versorgen ist eine ziemlich anstrengende und neue Herausforderung – die mit der Zeit aber leichter wird.

✓ **Das eigene Bauchgefühl:** Was ist richtig, was falsch? Je entspannter und mit je mehr Zeit Sie sich miteinander und mit dem Baby beschäftigen, desto mehr lernen Sie sich als Familie kennen und die Signale des Neugeborenen zu deuten.

Gut geplante Kuschelzeit

✓ **Papiere:** Besorgen Sie rechtzeitig Unterlagen und Formulare für Elterngeld, Kindergeld und andere Hilfen (siehe Seite 48 f.).

✓ **Verwöhnen:** Wünschen Sie sich zur Geburt frisch Gekochtes, das können Sie einfrieren. So muss auch der Papa nicht unbedingt einkaufen und Sie können sich aufs gemeinsame Schmusen und Kennenlernen konzentrieren.

✓ **Zeit für uns:** Klar ist die Verwandtschaft neugierig. Aber gönnen Sie sich die ersten Tage mit wenigen Gästen und viel Zeit für sich.

✓ **Sorgen:** Ist es normal, wenn das Baby so oft weint? Ist ihm zu kalt? Möchte es neu gewickelt werden? Ganz normale Fragen – darum ist es wichtig, sich in Ruhe zu erleben und Signale sehen zu können.

✓ **Familienbett:** In den ersten Wochen nach der Geburt ist das Bett genau der Ort, an dem Mutter und Kind sich noch viel aufhalten sollten, um sich von der Geburt zu erholen. Und auch der Papa sollte so viel Ruhe und gleichzeitig Nähe zu beiden bekommen wie möglich.

✓ **Betreuung:** Wenn Sie sich in der Schwangerschaft noch nicht um eine Nachsorgehebamme gekümmert haben, sollten Sie das nun schleunigst nachholen. Denn sie unterstützt Wöchnerin und Neugeborenes in den ersten acht Wochen nach der Geburt. Sechs Wochen nach der Geburt erfolgt eine Abschlussuntersuchung beim Frauenarzt. Damit ist das »Wochenbett« medizinisch beendet.

TIPP

Nummer gegen Kummer
Wen kann ich im Notfall anrufen? Hebamme, (Schwieger-)Eltern, Geschwister, beste Freunde? Schreiben Sie alle wichtigen Nummern auf und hängen Sie sie gut sichtbar beim Telefon auf beziehungsweise speichern Sie sie auf Ihrem Handy.

WIR SIND EINE FAMILIE

Alles ist neu: Ein Baby macht aus einem Paar Mutter und Vater. Herzlichen Glückwunsch zu dieser neuen Lebensaufgabe! Und keine Angst: Vieles Ungewohnte wird bald normal.

Mama – die echte Heldin

✓ **Superkraft:** Ein Kind zu bekommen ist eine enorme Leistung. Die Schwangerschaft und die Geburt sind für den Körper extreme Anstrengungen. Viele Frauen unterschätzen, dass sie nicht sofort wieder fit sind. Vorübergehende Erschöpfung ist völlig okay.

✓ **Supernahrung:** Sie können Ihr Baby allein mit Muttermilch versorgen – was für ein Wunder! Aber der Milcheinschuss ist ungewohnt und manchmal schmerzhaft. Ihre Hebamme kann Ihnen zeigen, wie das Anlegen am besten klappt. Mehr über das Stillen erfahren Sie ab Seite 30.

✓ **Superkörper:** Doch, der ist super, Ihr Körper. Auch wenn sich viele Mütter nach der Geburt eher unwohl darin fühlen. Der Bauch ist noch rund, fast wie im sechsten Monat. Alles fühlt sich noch komisch an. Kein Wunder, die Organe müssen schließlich erst wieder ihren Platz finden. Aber Schwangerschaftsstreifen verblassen und die Muskulatur wird auch wieder straffer.

✓ **Superinstinkte:** Erstaunlich, was die Natur sich ausgedacht hat! Das eigene Baby duftet unbeschreiblich gut, Mütter haben oft einen leichten Schlaf und hören ihren Säugling.

Papa – der Held an Mamas Seite

✓ **Superpapa:** Klar, das ist doch der, dessen Stimme das Baby schon vor der Geburt oft gehört hat. Auch Väter stillen die Bedürfnisse ihrer Kinder – ohne Milch, aber mit viel Körperkontakt und Kuscheln.

✓ **Superorganisator:** Alle Aufgaben erledigen, den neuen Alltag und das Bürokratische erledigen, der Partnerin und dem Kind Aufmerksamkeit und Fürsorge schenken. Und das mit reichlich wenig Schlaf. Gar nicht einfach, was Väter so in den ersten Wochen bewerkstelligen müssen.

✓ **Superkuschler:** Auch der Hormonhaushalt junger Väter stellt sich um. So viel Liebe für einen winzigen Menschen sorgt für das Bedürfnis, viel zu schmusen und auch Nähe zu bekommen. Genau richtig, denn so entsteht eine enge und gute Bindung.

✓ **Superhirn:** Pflegen, wickeln, baden, organisieren, Verwandtschaft, Freunde und Arbeitgeber informieren, einkaufen. An alles zu denken ist gar nicht einfach. Und auch gar nicht möglich.

> **TIPP**
>
> **Babyblues**
> Hormonumstellung, Schlafmangel und das Gefühl, nicht so glücklich zu sein, wie es eine Mutter doch sein sollte? Das ist ganz normal. Ruhe, Auszeiten und frische Luft können helfen. Wenn die Traurigkeit bleibt, sollten Sie ein Gespräch mit der Hebamme oder der Frauenärztin führen. Mehr Informationen über Wochenbettdepressionen: **www.schatten-und-licht.de**. Auch Väter trifft das Gefühl der Erschöpfung. Der Spagat zwischen Familie und Beruf, Angst, den Ansprüchen nicht zu genügen, oder Überforderung ist eine Herausforderung. Rat bieten die Experten von **www.elternleben.de**.

HALLO, KLEINER MENSCH!

Ihr Baby ist ein Wunder. Einzigartig und von Anfang an eine eigene Persönlichkeit. Energiebündel oder eher ein kleines Schlummerle? Das wird sich bald zeigen.

Was du schon alles kannst!

- ✓ **Gucken:** Das Neugeborene kann noch nicht gut sehen und ein Gesicht nur erkennen, wenn es höchstens 25 Zentimeter entfernt ist. Mama und Papa kann es beim Schmusen erkennen.
- ✓ **Hören:** Neugeborene drehen ihren Kopf dorthin, woher ein Geräusch kommt, sie erschrecken bei Krach und erkennen Melodien, die sie im Mutterleib hörten, wieder.
- ✓ **Schnuppern:** Säuglinge können ihre Mutter am Geruch erkennen. Instinktiv riechen sie auch gleich nach der Geburt, wo es Nahrung gibt, und suchen die Brust der Mama.
- ✓ **Spüren:** Babys lieben intensive Nähe. Die meisten mögen gern getragen und gehalten werden.
- ✓ **Kommunizieren:** Eine winzige Hand, die Papas Finger erstaunlich fest drückt, ein entspanntes Gesichtchen im Schlaf, ein Anschmiegen an die Brust. Babys können zeigen, dass sie sich geborgen fühlen. Und auch, dass gerade nicht alle Bedürfnisse erfüllt wurden. Dann weinen sie oder wirken sehr unruhig.
- ✓ **Quengeln, Weinen und Schreien:** Hunger, Schmerzen oder Wunsch nach Nähe – das Neugeborene kann Unwohlsein nur durch Laute zeigen. Je besser Sie sich kennenlernen, desto eher hören Sie Unterschiede zwischen leichtem Unmut und heftigem Kummer.
- ✓ **Magisch:** Das erste bewusste Lächeln schenken Kinder den Eltern im zweiten Monat. Bis dahin entzücken sie mit »Engelslächeln«.

RUND UM DIE PFLEGE

Haut- und Körperpflege ist für das Baby wichtig. Es geht dabei nicht nur um das Reinigen, sondern auch um die Nähe und das wohlige Gefühl, umsorgt zu werden.

Baden und waschen

✓ Ob Babybadewanne oder ein spezieller Babybadeeimer – dem Kleinen ist das meist egal. Im Waschbecken allerdings sollten Sie Ihr Kind nicht baden, weil der Wasserhahn sehr schnell mal zu heiß ist oder es sich stoßen könnte.

✓ Waschen mit einem Waschlappen am Wickelplatz reicht meist. Ein Bad in der Woche genügt.

✓ Badezusätze sind nicht nötig, sie greifen die zarte Babyhaut an. Bei trockener Haut ein paar Tropfen Babyöl ins Wasser geben.

✓ Shampoo wird nur benötigt, wenn das Kind viele und lange Haare hat. Bei verklebten oder verschmutzten Haaren ebenfalls ein wenig Babyshampoo verwenden (pH-neutral).

✓ Ideal sind 37 Grad Celsius Wassertemperatur.

✓ Bad oder Zimmer sollten mollige 23 bis 25 Grad Celsius warm sein.

✓ Beste Badezeit: zwischen zwei Mahlzeiten. Das Baby sollte wach und munter sein.

✓ Fünf bis zehn Minuten Badezeit reichen für die Kleinsten.

✓ Nach dem Baden oder Waschen in einem großen Handtuch abtrocknen, frisch wickeln und anziehen.

✓ Spezielle Cremes oder Pflegelotionen sind nicht unbedingt nötig. Wenn es draußen sehr kalt ist, sollte das Gesichtchen mit einer Wind-und-Wetter-Salbe gegen Wind und Kälte geschützt werden.

WICKELN UND WINDELN

Die erste Windel zu wechseln ist für Eltern noch aufregend. Bald ist es Alltag. Und bis das Kind mit etwa drei Jahren trocken ist, wird es im Schnitt weitere 5 999 Windeln brauchen.

Häufige Fragen rund um die Windeln

✓ **Wie oft muss gewickelt werden?** Neugeborene haben eine winzige Blase und benötigen oft bis zu zehn Windeln. Später sind etwa fünf bis sechs Stück am Tag und ein bis zwei pro Nacht nötig.

✓ **Selber waschen oder Wegwerfwindeln?** Sowohl Stoff- als auch Höschenwindeln belasten die Umwelt und den Geldbeutel. Eltern sollten entscheiden, was für sie persönlich am besten passt.

✓ **Angesagter Wechsel?** Oft signalisieren Babys, dass sie sich unwohl fühlen. Moderne Wegwerfwindeln halten zwar viel aus, sollten aber trotzdem häufig gewechselt werden, da die empfindliche Babyhaut sonst schnell gereizt ist.

✓ **Nachts wickeln?** Jein. Babys sollten nur gewickelt werden, wenn sie bereits wach sind, wunde Haut oder eine sehr volle Windel haben. Ihr Schlaf sollte nicht extra unterbrochen werden.

✓ **Gereizte Haut?** Dafür kann es einige Gründe geben. Wurde die Windel oft genug gewechselt? Vielleicht ist in der Windelsorte auch eine Lotion enthalten, die das Kind nicht verträgt?

✓ **Windelfrei?** Die »Windelfrei«-Bewegung ist davon überzeugt, dass Kinder oft oder sogar ganz ohne Windeln auskommen. Eltern müssen dafür sehr bewusst auf die Signale ihrer Kinder achten. Im Sommer, wenn Kinder draußen sein können und ein Malheur nicht stört, ist das Ganze durchaus einen Versuch wert. Mehr ist unter den Stichworten »artgerecht« und »windelfrei« im Netz zu finden.

Der Wickelplatz

✓ Bedenken Sie, dass Sie Ihr Kind sehr oft wickeln – und Ihren Rücken schonen sollten. Der Wickelplatz muss für alle bequem sein.

✓ Eine schadstofffreie, gut abwischbare Wickelunterlage ist wichtig. Damit das Baby kuscheliger liegt, ein Handtuch drauflegen.

✓ Alle wichtigen Dinge – wie frische Windeln, Wasser, Waschlappen und Creme – sollten mit einer Hand griffbereit sein.

✓ Gute Beleuchtung ist wichtig. Das Baby mag nicht geblendet werden, Sie sollten aber gut sehen können.

Die richtige Pflege

✓ Bei jedem Windelwechsel Babys Popo gut reinigen. Dazu reicht lauwarmes Wasser; Seife greift den Säuregehalt der Haut an.

✓ Feuchttücher nutzen Sie am besten nur unterwegs. Zu Hause waschen Sie das Baby lieber mit einem weichen Waschlappen.

✓ Ist der Po stark verschmutzt, empfiehlt sich fürs Gröbste Toilettenpapier. Etwas Babyöl im Wasser entfernt Eingetrocknetes besser.

✓ Dicke Fettcremes und Puder sind unnötig. Ist der Po gereizt oder wund, kann das unterschiedliche Ursachen haben. Fragen Sie Ihren Kinderarzt oder Ihre Hebamme um Rat.

WICHTIG

Sturzgefahr!
Lassen Sie Ihr Baby nie allein auf dem Wickeltisch! Schon Säuglinge können sich ruckartig bewegen und schwer stürzen. Klingelt es an der Tür oder am Telefon, das Kind immer mitnehmen, oder es kurz auf den Fußboden legen.

BABYS KLEIDUNG

Kleidung für Kleine ist so niedlich! Und sie ist auch sehr wichtig, denn sie bietet Schutz vor Kälte und UV-Strahlen. Vor dem ersten Tragen aber unbedingt erst einmal waschen.

Tipps rund um die Babykleidung

✓ Besorgen Sie nicht zu viele Kleidungsstücke in den kleinsten Größen. Viele Neugeborene sind gleich so lang oder so kräftig, dass sie mit Größe 56 in das Leben starten.

✓ Legen Sie die Kleidung aufeinander und stapeln Sie sie nach »echter« Länge. Je nach Hersteller fallen die Kleidungsstücke sehr verschieden aus. Die Etiketten täuschen da oft.

✓ Babys mögen weiche, bequeme Anziehsachen. Knöpfe sollten nicht am Rücken sein und Oberteile müssen sich leicht über den Kopf ziehen lassen.

✓ Babys haben schnell kalte Füße – auch, weil sie sich so gern selbst die Socken ausziehen. Im Winter sind daher Strumpfhosen praktisch oder Strampler mit Fußteil.

✓ Bodys müssen ausgekocht werden können. Schließlich spucken Säuglinge nicht nur, auch die Windeln können mal überlaufen.

✓ Babys Haut ist noch sehr empfindlich. Weichspüler mit ihren vielen Duftstoffen sind nicht zu empfehlen. Wenn das Baby zu gereizter Haut neigt, ein Sensitiv-Waschmittel benutzen.

Richtige Kleidung bei Hitze ...

✓ Prüfen Sie die Körpertemperatur im Nacken. Ist das Kind dort verschwitzt, ist es zu warm angezogen.

✓ An sehr warmen Sommertagen reicht ein ärmelloser Body und das Baby darf mit nackten Füßen strampeln.

✓ Ist es am Morgen noch eher kühl? Dann achten Sie auf Ihr eigenes Empfinden. Ziehen Sie dem Kind erst mal noch eine leichte Jacke über, die später ausgezogen werden kann.

✓ Unbedingt ans Sonnenhütchen denken – möglichst aus UV-Stoff.

... und bei Kälte

✓ Babys reagieren empfindlich auf Kälte, da sie ihre Körpertemperatur noch nicht regulieren können. Wichtig: Da Säuglinge über den Kopf viel Wärme verlieren, immer eine warme Mütze aufsetzen.

✓ Langärmelige Bodys, bei Kälte auch gern aus molliger Wolle mit Seide, wärmen. Darüber Pulli und Hose oder Strampler anziehen.

✓ Draußen packen Sie Ihr Kind am besten in einen Schneeanzug und setzen ihm eine warme Mütze auf. Baby-Fäustlinge nicht vergessen.

✓ Wichtig: Den Kinderwagen immer gut vor Regen schützen!

TIPP

Zwiebel-Prinzip für Übergangswetter
Mehrere Lagen machen es leicht, rasch auf Temperaturunterschiede zu reagieren. Über den Body kommt beispielsweise ein langärmeliges Shirt, eine dünne Strickjacke und, wenn es nach draußen geht, noch eine dickere Baumwolljacke. So kann – je nach Temperatur – Schicht für Schicht ausgezogen werden.

UNTERWEGS MIT DEM BABY

Mobile Eltern transportieren ihre Kinder in Tüchern, Kinderwagen und Tragehilfen – und auch mit dem Auto. Für jeden Bedarf gibt es die passende Lösung.

Kinderwagen

✓ Vor dem Kauf genau informieren: Brauchen Sie den Wagen eher beim Einkaufsbummel oder um im Wald spazieren zu gehen? Wählen Sie ein entsprechendes Modell.

✓ Eine gute Federung sorgt für Babys Komfort. Machen Sie vor dem Kauf eine Testfahrt. Manche Läden haben dafür extra einen »Kinderwagenparcours« mit unterschiedlichen Straßenbelägen.

✓ Auf die Maße achten. Passt der Wagen in Ihren Kofferraum?

✓ Ist Zubehör im Preis inbegriffen? Regenverdeck, Sonnenschutz und Einkaufskorb sind praktisch.

✓ Wächst der Kinderwagen mit? Einige sind nur für junge Babys geeignet, andere lassen sich auch noch für größere Kinder verwenden.

✓ Ein guter Kinderwagen sollte rückenfreundlich sein. Für das Baby bedeutet das höchsten Liegekomfort, für Sie höhenverstellbare Schieber, die sich an Ihre Größe anpassen.

Tragetücher

✓ Viele Babys mögen die Körpernähe – und Tragen im Tuch beruhigt unruhige Kinder.

✓ Sehr vielseitig, da es viele Bindevarianten gibt und das Tuch »mitwächst« – von der Geburt bis ins Laufalter.

✓ Sie haben beide Hände frei. Das ist gerade dann, wenn ein Geschwisterkind da ist, sehr wichtig.

✓ Das richtige Binden eines Tragetuchs erfordert Geduld, Geschicklichkeit und Übung. Trageberaterinnen helfen hierbei.

Fertige Tragehilfen

✓ Fertige Tragehilfen sind oft unkomplizierter als Tragetücher und dank Schnallen oder Klettverschlüssen ruck, zuck im Einsatz.

✓ Ein gute Tragehilfe stützt das Baby, ohne es einzuengen, der Rücken kann rund bleiben. Für die Hüftentwicklung ist die Spreiz-Anhock-Haltung wichtig. Sie ist jedoch nicht in jedem Modell möglich.

✓ Babys Gesicht sollte Ihnen zugewandt sein. Schaut das Kind nach vorn, ist es zu vielen Reizen ausgesetzt und nimmt eine ungesunde Haltung ein. Ältere Kinder kann man auch auf dem Rücken tragen.

Baby an Bord

✓ Der sicherste Platz für das Baby im Auto ist hinten rechts. Der Beifahrersitz sollte die Ausnahme sein. Und wenn das Baby vorne sitzt, muss der Airbag ausgeschaltet sein!

✓ Die Babyschale erfüllt die neue Norm ECE-R 129 oder die europäische Prüfnorm ECE 44 mit einer Prüfziffer, die mit 03 oder 04 beginnt. Ältere Kindersitze sind im Verkehr nicht zugelassen!

✓ Der Sitz kann entgegen der Fahrtrichtung montiert werden. So fahren Kinder bis 18 Monate laut Experten am sichersten.

✓ Denken Sie im Sommer an Sonnenschutz und lassen Sie Ihr Baby nie allein im Auto, auch nicht ein paar Minuten. Erstickungsgefahr!

✓ Gurten Sie im Winter das Baby besser nicht dick eingemummt an; Schneeanzug ausziehen und lieber die Heizung aufdrehen.

DIE WICKELTASCHE

Wenn das Baby mit Ihnen unterwegs ist, braucht es so einiges. Spezielle Taschen sind nicht wirklich nötig, auch ein Rucksack oder eine Schultertasche mit vielen Fächern reicht.

Liste für die Wickeltasche

- ✓ Wickelauflage
- ✓ 4 Ersatzwindeln
- ✓ Feuchttücher
- ✓ Wundcreme
- ✓ 1 frisches Set Kleidung
- ✓ 1 zusätzlicher Body
- ✓ 1 Paar Socken
- ✓ Kleine Thermosflasche mit heißem Wasser, Fläschchen und Milchpulver bei Flaschenkindern
- ✓ Bei älteren Babys: Gläschen, Löffel, Lätzchen, Spielzeug
- ✓ Schnuller
- ✓ Mülltüten (für volle Windeln und nasse Kleidung)
- ✓ 1 Flasche Wasser für Mama (vor allem wenn sie stillt)
- ✓ Eventuell Stilleinlagen
- ✓ Was die Eltern so alles brauchen: Portemonnaie, Taschentücher, Schlüssel …

Stillen unterwegs
Viele Mütter sind gern mit ihren Kindern unterwegs. In Kaufhäusern, Möbelläden oder in Kindercafés gibt es oft spezielle Stillräume. Aber auch mit einem Tuch oder einem großen Loop-Schal lässt sich ein »Sichtschutz« schaffen. Peinlich ist das Stillen in der Öffentlichkeit ohnehin nicht – alle anderen dürfen ja auch ihre Mahlzeiten zu sich nehmen.

GEMEINSAM VERREISEN

Elternzeit ist Reisezeit? Dem Baby ist vor allem wichtig, dass Mama und Papa viel Zeit haben. Die wiederum können den Urlaub am besten genießen, wenn alles gut geplant wird.

Bevor es losgeht

✓ **Wohin geht es?** Was sind Ihre geheimen Träume? Die Elternzeit bietet sich für längere Reisen an. Aber gute Planung ist wichtig – und natürlich ein Blick aufs Budget.

✓ **Was braucht das Baby?** Seine Eltern, ein eher moderates Klima und eine gute Gesundheitsversorgung vor Ort. Bei Fernreisen an den Impfschutz denken und sich vom (Kinder-)Arzt beraten lassen.

✓ **Welche Reiseform?** Auto, Bahn oder Flugzeug? Je nach Ziel aussuchen, was praktisch ist. Denken Sie im Flieger an den Buggy und buchen Sie eventuell schon von zu Hause aus einen Leihwagen. Ausdrücklich einen Kindersitz mitmieten!

✓ **Informieren:** Was brauchen Sie am Urlaubsziel? Was kann vor Ort geliehen werden? Was müssen Sie unbedingt mitbringen?

✓ **Rechtzeitig Papiere beantragen:** Den Kinderpass, Visa und/ oder einen internationalen Führerschein ausstellen zu lassen kann mitunter mehrere Wochen dauern.

✓ **Überprüfen:** Impfschutz, Versicherungen ... Was ist nötig? Reisekranken- und -rücktrittsversicherung sind gerade für Familien sinnvoll.

✓ **Früh einen Packplan machen:** Mit Kind dauert das Kofferpacken viel länger. Besorgen Sie alles Nötige rechtzeitig (siehe auch Seite 20).

Das kommt in den Koffer ...

✓ Kleidung für jedes Wetter

✓ Windeln für eine Woche, den Rest vor Ort nachkaufen

✓ Gewohnte Pflegeprodukte

✓ Milchpulver und Flaschen

✓ Bei Breianfängern Gläschen oder einen Pürierstab

✓ Nachtlicht, Spieluhr und Babyfon

✓ Eventuell Moskitonetz und Mückenschutz

✓ Tragetuch/-hilfe

✓ Sonnenschutzmittel

✓ Reiseapotheke, Fieberthermometer, Notrufnummern im Urlaubsland

✓ Reiseadapter, Ladegeräte für Smartphones, Fotoapparat

... und das ins Handgepäck

✓ Wickeltasche mit Wickelauflage (siehe Seite 18)

✓ Kleine Snacks und Getränke

✓ Reisedokumente, Impfausweis

WICHTIG

Der richtige Pass für das Kind
Auch Babys brauchen bei Auslandsreisen einen Ausweis mit Lichtbild. Bei Reisen in Europa reicht meist der Kinderreisepass. Kosten: 13 Euro. Wer in Länder mit Visumspflicht (etwa USA) möchte, braucht auch für Säuglinge einen elektronischen Reisepass. Kosten: 37,50 Euro. Mehr Informationen zu Reisebedingungen: www.auswaertiges-amt.de. Beantragt werden die Dokumente im Bürgerbüro oder Meldeamt, Sie brauchen dazu ein biometrisches Foto des Babys und die Geburtsurkunde – und das Kind selbst muss auch dabei sein.

DAS KINDERZIMMER GESTALTEN

Ein Neugeborenes braucht nicht viel Platz und in den ersten Monaten schläft es ohnehin am sichersten mit den Eltern in einem Raum. Wenn Sie trotzdem schon sein eigenes Zimmer einrichten wollen, hier ein paar Tipps.

Babys Zimmer einrichten

✓ **Spielraum:** Auch wenn das Baby noch nicht im eigenen Raum übernachtet, kann es mit Ihnen dort Zeit verbringen. Es sollte Platz fürs erste Spielzeug und erste Bücher sein. Vielleicht auch für eine Kuschelecke zum Vorlesen? Solche Rituale schaffen Geborgenheit.

✓ **Gute Qualität:** Achten Sie beim Kauf der Einrichtungsgegenstände auf hochwertige und kindgerechte Verarbeitung (speichelfest!) und auf das TÜV-Siegel. Ideal sind Möbel, die sich farblich eher zurückhalten. Für bunte Hingucker kann dann die Deko sorgen.

✓ **Gebraucht oder neu?** Gebrauchte Kindermöbel waren oft nur kurz im Einsatz und sind daher eine gute und günstige Lösung. Nur die Matratze für das Babybett sollte neu sein, weil durchgelegene Matratzen dem zarten Rücken schaden. Immerhin schlafen Babys oft bis zu 16 Stunden täglich.

✓ **Mitwachsende Möbel:** Das Babybett sollte sichere Schlupfgitter haben und sich später zum Juniorbett umbauen lassen. Die Wickelkommode kann später noch als Stauraum dienen.

✓ **Hingucker schaffen:** Kinder mögen freundliche Farben und finden großflächige Motive toll. Mit Wandtattoos oder schönen Stoffen lassen sich schöne Hingucker gestalten. Und Sie können ohne viel Aufwand wieder umdekorieren, wenn Ihr Kind größer wird und sein Geschmack sich ändert.

KINDERSICHERES ZUHAUSE

Die kleinen Weltentdecker werden mit der Zeit immer mobiler. Spätestens wenn Ihr Baby anfängt, sich bewusst auf ein Ziel zuzubewegen, sollten Sie an die Sicherheit denken.

Das Neugeborene

✓ Auf sicheren Babyschlaf achten (siehe Seite 26 f.).

✓ Nicht mit Haustieren allein lassen.

✓ Niemals unbeaufsichtigt auf dem Wickeltisch lassen.

✓ In der Umgebung von Babys nicht rauchen. Zigaretten dürfen auch nicht herumliegen, denn das Baby könnte den Tabak in den Mund nehmen. Vergiftungsgefahr!

✓ Im Sommer nur mit Insektenschutz draußen schlafen lassen.

Wenn das Baby aktiv wird

✓ Pflegeprodukte nicht in Babys Reichweite lagern. Vor allem Puder ist gefährlich: Wenn die Dose aufgeht und es herausstaubt, kann das Kind den Puder einatmen. Das schädigt die Lunge anhaltend.

✓ Beginnt Ihr Kind im Kinderwagen herumzuturnen oder sich darin hochzuziehen: nicht mehr unbeaufsichtigt lassen.

✓ Lassen Sie Ihr Kind nie allein in der Badewanne, auch wenn es sitzen kann und das Wasser nur ganz niedrig ist. Ein Kind kann innerhalb weniger Sekunden ertrinken.

✓ Das Baby nie im Hochstuhl allein lassen.

✓ Treppen mit Sicherheitsgitter versehen.

Sicheres Umfeld

✓ Alle Steckdosen unbedingt mit Steckdosensicherungen abdecken. Am sichersten sind Modelle, die angeschraubt werden.

✓ Lassen Sie keine Kleinteile auf dem Boden liegen. Babys stecken sich alles, was sie finden, in den Mund. Erstickungsgefahr!

✓ Pflanzen generell lieber hochstellen, denn das Baby untersucht auch gerne die Blumenerde. Sind Ihre Pflanzen ungiftig? Die Vergiftungszentrale Bonn gibt auf ihrer Website (**www.gizbonn.de**) unter dem Stichwort »Pflanzen« einen guten Überblick.

✓ Tischecken, Schränke und Kanten mit Kantenschutz sichern.

✓ Putzmittel außer Reichweite verstauen. Dasselbe gilt für Medikamente. Vergiftungsgefahr!

✓ Nicht vergessen: WC-Bürste hochstellen, Babys möchten sonst zu gern damit spielen.

✓ Den Herd sichern Sie am besten mit einem Spezialgitter. Pfannenstiele nach hinten drehen, damit das Kind sie nicht greifen kann.

✓ Auf Tischdecken sollten Sie eine Weile verzichten. Wenn Ihr Baby daran zieht, kann es von herabfallenden Dingen verletzt werden.

✓ Tipp: Am besten gehen Sie selbst mal auf alle viere, um sich auf Babys Augenhöhe zu begeben.

> **WICHTIG**
>
> **Unfallprophylaxe**
> Mehr Tipps und ausführliche Informationen, wie sich zu Hause und unterwegs Unfälle vermeiden lassen, finden Sie auf der Internetseite der Bundesarbeitsgemeinschaft »Mehr Sicherheit für Kinder e. V.« (www.kindersicherheit.de). Dort erfahren Sie auch, wie Sie im Ernstfall Erste Hilfe leisten.

GESUNDHEIT UND ENTWICKLUNG

EINSCHLAFEN LERNEN

Ab wann schläft ein Baby alleine ein? Und ab wann schläft es nachts durch?

Wie Babys schlafen

- ✓ Die tägliche Schlafdauer eines Neugeborenen liegt im Schnitt bei 17 Stunden. Mit 3 Monaten schlafen Babys etwa 15 Stunden, mit einem Jahr 14 Stunden pro Tag. Aber nicht jedes Kind ist gleich: Einige kommen mit weniger aus, andere brauchen mehr.

- ✓ Neugeborene können nicht zwischen Tag und Nacht unterscheiden. Sie schlafen, wenn sie müde sind, und wachen auf, wenn sie Hunger haben. Egal, wie viel Uhr es gerade ist.

- ✓ Ein Baby wacht nachts auf, weil es ein Bedürfnis hat – meist nach Nahrung oder Nähe. Stillen und achtsames Fläschchengeben versorgen es mit beidem.

- ✓ Bis zum Ende des dritten Lebensmonats haben es 70 Prozent aller Babys geschafft, einmal nachts am Stück sechs Stunden zu schlafen. Aber jedes Kind hat ein anderes Tempo. Manche schaffen es auch nur einmal, andere immer öfter.

- ✓ Zwischen dem siebten und neunten Monat werden Babys wieder häufiger wach. Grund: Die Zähne wachsen. Außerdem finden gerade enorme Entwicklungsschübe statt. Nachts sind einige Kinder gerade jetzt sehr nähebedürftig.

✓ Um den ersten Geburtstag herum schlafen viele Kinder durch, aber nicht alle. Bei Schlafproblemen Arzt und Hebamme fragen. Spezielle »Schlafprogramme« funktionieren über Weinen und Angst und sind schädlich für die kindliche Entwicklung.

Tag und Nacht unterscheiden lernen

✓ Tagsüber ist es hell, es ist Zeit für Aktivitäten und zum Spielen. Dämpfen Sie deshalb am Tag zum Stillen oder Schlafen das Licht nicht künstlich.

✓ Die Nacht ist zum Schlafen da: Dimmen Sie beim Wickeln und Stillen das Licht, reden Sie sanft und ruhig und spielen Sie jetzt nicht mehr gemeinsam.

✓ Durch ein Abendritual versteht das Baby leichter, dass es ans Schlafen geht. Ein Bad, ein Gutenachtlied, eine Geschichte oder die Spieluhr lassen Ruhe einkehren. Übertreiben Sie es nicht, denn ein müdes Baby ist rasch überreizt. Das erschwert das Einschlafen.

Beim Einschlafen helfen

✓ **Einschlafstillen?** Wenn das Baby mal an der Brust einschläft, ist das kein Problem. Aber als festes Ritual ist es nicht unbedingt für jede Mutter und jedes Kind geeignet.

✓ **Wir sind da:** Sanft die Stirn streicheln, die Hand auf Babys Bauch legen – so können Mama und Papa liebevoll in den Schlaf begleiten und das Kind »einkuscheln«.

✓ **Was möchtest du?** Manche Babys brabbeln beim Einschlafen, andere quengeln. Manche möchten Ruhe. Andere viel Nähe. Auf keinen Fall sollte sich ein Baby in den Schlaf weinen.

SICHERER BABYSCHLAF

Ein Anblick, an dem sich Eltern kaum sattsehen können: ein schlummerndes Kind. Doch wie können Babys sicher und gesund schlafen?

Geborgen schlafen

✓ **Nähe und Geborgenheit:** Ob im Familienbett, in der Wiege oder im Beistellbettchen – es gibt viele Lösungen: Jede Familie muss selbst schauen, welche für sie die beste ist. Fakt ist: Neugeborene sollten mit Mama und Papa in einem Raum schlafen. Das sorgt für Sicherheit und ist beim Stillen oder Füttern bequemer.

✓ **Im eigenen Bett:** Verzichten Sie auf Schnüre, Ketten, Mobiles und Ähnliches, mit denen sich das Kind strangulieren könnte. Gitterstäbe sollten einen sicheren Abstand von ca. 4,5 bis 6,5 Zentimeter haben. Die Dicke der Matratze so wählen, dass der Abstand zwischen Matratze und Oberkante Bett in der niedrigsten Einstellung mindestens 50 Zentimeter beträgt beziehungsweise 20 Zentimeter, wenn das Bett ganz weit oben eingestellt ist. Beim Kinderbettkauf auf das Prüfsiegel »GS Geprüfte Sicherheit« achten.

✓ **Beistellbetten:** Sie können direkt ans Elternbett geschoben werden. So liegt das Baby ganz nah bei Ihnen, aber doch im eigenen Bett. Auch hier auf den Sicherheitsaspekt und das GS-Siegel achten.

✓ **Im Familienbett:** Wenn das Baby bei Ihnen im Bett schlafen soll, muss dieses ausreichend breit sein. Das Kind darf nicht an der Wand oder am Rand schlafen. Achten Sie außerdem darauf, dass dort, wo das Baby liegt, kein Kissen ist. Wasserbetten und Sofas sind als Familienbetten ungeeignet, weil das Kind darauf zu sehr einsinkt (Gefahr des Atemrückstaus).

Sicherheit geht vor

✓ **Entspannte Lage:** Legen Sie Ihr Baby in den ersten Monaten zum Schlafen immer auf den Rücken. In der Bauch- oder Seitenlage bekommt das Kleine eventuell schlechter Luft. Ist das Baby wach, sollte es unbedingt auch die Bauchlage üben. Die Warnung gilt nur für den Schlaf.

✓ **Schlafsack:** Babys brauchen keine Decken, Kissen oder Kuscheltiere. Zum Schlafen genügen – je nach Jahreszeit – ein Body oder ein Schlafanzug und ein Schlafsack mit Beinfreiheit zum Strampeln. Ideale Größe: Körperlänge minus Kopf plus 10 bis 15 Zentimeter.

✓ **Mehr Luft:** Bettumrandungen, weiche Unterlagen oder Kopfpolster sind tabu. Sie erhöhen das Risiko für einen Atemrückstau.

✓ **Wärme:** Babys Schlafplatz darf sich nicht erhitzen. Wärmflaschen, Schafsfelle oder Heizdecken sind hier tabu. Ein Mützchen mit Band kann sich im Schlaf verheddern.

Wichtiges zum plötzlichen Kindstod

✓ Etwa 0,04 Prozent aller Kinder in Deutschland sind vom plötzlichen Kindstod (Sudden Infant Death Syndrome, SIDS) betroffen. Bei einem gesunden Kind sind dennoch weder eine Überwachung via Monitor noch ständige Kontrollen nötig.

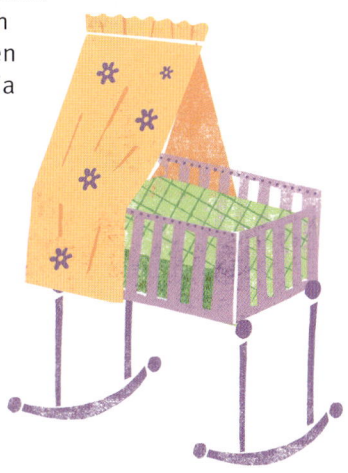

✓ Es gibt verschiedene Theorien über die Ursachen. Fakt: Die Sicherheitsrisiken zu senken hilft und ist wirkungsvoll.

✓ Auch Stillen und genauso der Schnuller sollen laut Untersuchungen das SIDS-Risiko senken.

✓ Rauchen (auch passives) vermeiden.

WENN DAS BABY VIEL WEINT

Es ist normal, dass ein Säugling relativ oft schreit. Doch wenn ein Baby sehr viel weint, ist das für alle eine Belastung.

Ein Baby weint nicht ohne Grund

✓ **Babys weinen, um sich mitzuteilen:** Ob Wunsch nach Nähe, Hunger, Durst, Müdigkeit, eine zu volle Windel oder Unruhe, weil es zu laut ist – Weinen kann viele Gründe haben. Als Eltern sollten Sie immer reagieren – und überlegen, was Ihr Kind gerade braucht.

✓ **Quengeln, Weinen oder Schreien:** Je älter Ihr Kind ist, desto besser können Sie unterscheiden, was es Ihnen sagen möchte. Ein müdes Baby quengelt leicht vor sich hin, ein hungriges Kind weint. Hat das Baby Angst oder Schmerzen, schreit es laut und sehr schrill.

✓ **Müdigkeitsweinen nicht ignorieren:** Signalisieren Sie dem Baby, dass es nicht allein ist. Ihre körperliche Nähe oder Ihre Stimme können es beruhigen.

✓ **Stillen bei Kummer?** Wenn Ihr Baby an seiner Faust saugt oder den Kopf hin und her dreht, signalisiert es damit, dass es Hunger hat. Ist das Kind müde oder auch überreizt, wird es die Brust zwar vielleicht kurz annehmen, aber das Stillen hilft nicht wirklich. Das Baby ist ja nicht durstig, sondern möchte oder kann nicht schlafen.

✓ **Unruhige Zeiten:** Das Bäuchlein drückt, die ersten Zähne kommen oder die Nase ist verstopft? Das Baby versteht das nicht und fühlt sich unwohl. Auch das kann ein Grund für Weinen sein. Verständlich, dass Eltern gern den Grund für die Unruhe wissen möchten, um helfen zu können. Manchmal aber bleibt er ein Rätsel. Dann helfen nur Ruhe, Geduld und viel Nähe. Auch kleine Menschen haben einfach mal einen schlechten Tag. Oder miese Laune.

Was hilft, wenn das Baby zu viel weint?

✓ **Protokoll führen:** Schreiben Sie auf, wann und wie lange Ihr Baby weint. Notieren Sie auch, was an diesem Tag los war, wie es getrunken hat und ob es irgendwelche Beschwerden hat. Mit dem Protokoll können Sie dann Hebamme und Kinderarzt um Rat bitten.

✓ **Viel Nähe:** Hautkontakt und Geborgenheit beruhigen das Kind, selbst wenn es noch weiterweint.

✓ **Frische Luft:** Spazieren gehen oder fahren wirkt auf Babys oft entspannend. Und die Luft tut auch den übermüdeten Eltern gut.

✓ **Für Entlastung sorgen:** Die Betreuung eines Kindes, das viel weint, zerrt an den Nerven. Wechseln Sie sich möglichst mit Ihrem Partner ab und/oder bitten Sie Freunde und Familie um Hilfe. Nur mit regelmäßigen Auszeiten können Eltern selbst entspannt bleiben.

✓ **Schreiambulanz aufsuchen:** Beratungsstellen bieten spezielle Sprechstunden für unsichere und überforderte Eltern. Mehr Infos unter **www.schreiambulanz.info**.

> OFT GEFRAGT
>
> **Ist mein Kind ein »Schreibaby«?**
> Weint ein Baby mehr als drei Stunden am Tag, an mehr als drei Tagen in der Woche und das mehr als drei Wochen am Stück, spricht man von einem »Schreibaby«. So ein Kind reagiert stark auf Reize. Ihm fehlt die Fähigkeit, abschalten zu können. Es findet oft kaum Trost – für seine Eltern eine starke Belastung. Doch es wird besser: Die langen Schreistunden enden meist nach dem dritten Monat. Und sie haben keine Spätfolgen: Aus »Schreibabys« werden nicht automatisch schwierige Kinder. Im Notfall bietet die Telefonseelsorge rund um die Uhr gebührenfrei Unterstützung (Tel.: 0800/111 0 111 oder 0800/111 0 222). Im Internet finden betroffene Eltern Hilfe bei **www.trostreich.de**.

RUND UMS STILLEN

Muttermilch ist das Beste für Babys, darin sind sich Experten einig. Davon abgesehen ist Stillen einfach praktisch, weil Mami die perfekte Nahrung immer dabeihat.

Stillen und Muttermilch: gut zu wissen

✓ **Muttermilch ist optimal:** Sie hat stets die richtige Temperatur, versorgt das Baby mit allen nötigen Nährstoffen, stärkt sein Immunsystem und schmeckt immer wieder anders.

✓ **Stillen sorgt für Nähe:** Enger Haut- und Blickkontakt von Mutter und Kind unterstützen eine enge Bindung.

✓ **Gleich nach der Geburt anlegen:** Frühes Anlegen fördert die Milchbildung und einen erfolgreichen Stillstart.

✓ **Oft anlegen:** In den ersten Wochen möglichst alle zwei bis drei Stunden, damit die Milchproduktion in Gang kommen kann. Später reguliert sich der Rhythmus.

✓ **Stillen nach Bedarf:** Das Baby darf so oft und lange trinken, bis es satt ist. Achten Sie auf Hungersignale Ihres Kindes. In den ersten Lebenswochen, während Wachstumsschüben oder bei Unruhe hat es oft mehr Durst.

✓ **Bist du satt?** Trinkt das Baby nicht mehr, nehmen Sie es sanft von der Brust. Dann legen Sie es auf einem Spucktuch an die Schulter und streicheln oder klopfen zart seinen Rücken. Das »Bäuerchen« beugt Bauchweh vor – aber nur bei wachen Babys. Schlafende Kinder dürfen weiterschlummern.

Problemen vorbeugen

✓ **Richtig anlegen:** Stillberaterinnen und Hebammen helfen, das Baby richtig anzulegen. Der Mund des Babys sollte auch den Warzenhof umschließen. Wichtig: das Baby zur Brust bringen und nicht die Brust zum Baby.

✓ **Kein Schnuller:** Verzichten Sie in den ersten Wochen möglichst auf einen Beruhigungssauger. Denn Saugen an der Brust erfordert eine andere Technik als Nuckeln am Schnuller – das kann das Baby verwirren und zu Trinkproblemen führen. Später ein Schnullermodell wählen, das der Brustwarze ähnelt.

✓ **Bequeme Stillposition:** Nicht nur das Baby soll das Stillen genießen, sondern auch Sie. Lassen Sie sich von Ihrer Hebamme verschiedene Stillpositionen zeigen und wählen Sie diejenigen aus, die Ihnen am angenehmsten sind.

✓ **Flüssigkeitsversorgung:** Wenn Sie stillen, sollten Sie ausreichend trinken (empfohlen werden drei Liter Flüssigkeit pro Tag), sich ausgewogen ernähren und sich genug Ruhezeiten gönnen. Tipp: Stellen Sie sich beim Stillen immer ein Glas Wasser bereit.

OFT GEFRAGT

Bekommt das Baby genug?
- Stillbabys brauchen keine zusätzliche Flüssigkeit zur Muttermilch. Sie müssen weder Wasser noch Tee anbieten. Wenn es sehr heiß ist, einfach öfter anlegen.
- Wenn Ihr Baby eine rosige Gesichtsfarbe hat, es lebhaft ist und stetig zunimmt, sind das sichere Anzeichen dafür, dass es gut versorgt ist.
- Ein gesundes Baby hat sechs bis acht nasse Stoff- oder fünf bis sechs Wegwerfwindeln am Tag.

HILFE BEI STILLPROBLEMEN

Nicht immer klappt es mit dem Stillen von Anfang an reibungslos. Warten Sie dann nicht lange, sondern suchen Sie bald Hilfe und ergreifen Sie unterstützende Maßnahmen.

Wunde Brustwarzen

✓ Mögliche Ursachen: Das Baby saugt zu fest, es wurde nicht richtig angelegt oder die Brustwarze ist gereizt.

✓ Legen Sie Ihr Baby häufiger an, dann saugt es weniger stark. Reduzieren Sie dafür die Stilldauer.

✓ Halten Sie sich zu Hause so oft wie möglich ohne BH und ohne Shirt auf. Luft heilt wunde Brustwarzen. Beim und nach dem Duschen auf Seife, Duschgel oder Cremes verzichten.

✓ Falls Sie Stilleinlagen tragen, sollten Sie sie häufig wechseln – am besten sofort, wenn sie feucht sind.

✓ Verteilen Sie nach dem Stillen etwas Muttermilch auf den Brustwarzen und lassen Sie sie an der Luft trocknen.

✓ Kalte Kompressen mit Salbeitee lindern Schmerzen, desinfizieren und beschleunigen die Heilung. Tipp: gekühlte Salbeiteebeutel.

✓ Ist Soor, eine Infektionskrankheit, verantwortlich für die Beschwerden, ist eine medizinische Behandlung nötig.

Probleme mit der Milchmenge

✓ **Zu viel Milch:** Bieten Sie nur eine Brust pro Mahlzeit an. Die andere streichen Sie vorsichtig aus (nicht abpumpen!). Trinken Sie viel Pfefferminztee oder bis zu vier Tassen Salbeitee am Tag.

✓ **Zu wenig Milch:** Hier sollten Sie immer beide Brüste anbieten und auch möglichst »leer« trinken lassen. Tragen Sie das Baby viel und kuscheln Sie oft miteinander. Enger Kontakt regt die Milchbildung an. Milchbildungstee (Fenchel-Kümmel-Anis) trinken.

Milchstau

✓ Nicht immer regeln sich Angebot und Nachfrage von allein. Kranke Kinder sind manchmal zu schlapp zum Trinken, müde Kinder verschlafen eine Mahlzeit – und schon spannt die Brust.

✓ Sitzt Muttermilch im Drüsengewebe fest, sind Verhärtungen tastbar, die Brust spannt unangenehm, ist sehr berührungsempfindlich und heiß. Das Stillen klappt meistens ebenfalls nicht – weil es wehtut und das Baby die geschwollene Brust schlecht fassen kann.

✓ Mögliche Ursachen: Stress oder Überlastung. Manchmal kann auch zu kurzes Anlegen oder ein Einschnüren der Brust, etwa in einem zu engen BH, der Grund sein.

✓ Stillen Sie trotzdem möglichst weiter und legen Sie Ihr Baby alle zwei Stunden oder noch häufiger an.

✓ Beim Stillen das Baby so anlegen, dass sein Unterkiefer auf der Seite der verhärteten Stelle liegt. Dadurch wird sie schnell entleert.

✓ Streichen Sie schon vor dem Anlegen vorsichtig mit der flachen Hand etwas Milch aus. Das kann den Druck nehmen.

✓ Stress und Anstrengung sind kontraproduktiv, Ruhe dagegen tut gut. Am besten bleiben Sie zwei bis drei Tage im Bett.

✓ Bessert sich der Milchstau nach zwei Tagen nicht oder kommen hohes Fieber, Schüttelfrost, Übelkeit oder Kopfweh dazu, hat sich die Brust möglicherweise entzündet. Gehen Sie rasch zum Arzt.

✓ Wenn die Schmerzen bleiben oder stärker werden, bitten Sie Ihre Hebamme oder eine Stillberaterin um Hilfe. Ansprechpartnerinnen finden Sie unter **www.lalecheliga.de** oder **www.afs-stillen.de**.

FLASCHENNAHRUNG

Nicht immer ist Stillen möglich – aus unterschiedlichen Gründen. Prima, dass es Säuglingsnahrung gibt, die genau auf den kindlichen Bedarf abgestimmt ist.

Babys geht es auch ohne Stillen gut

✓ Wer nicht stillen kann oder mag, tut das mit Grund. Sie müssen deswegen kein schlechtes Gewissen haben und brauchen sich nicht zu rechtfertigen. Auch Flaschenkinder entwickeln sich wunderbar.

✓ Beim Füttern mit der Flasche ist Blick- und Hautkontakt wichtig, dann erfährt Ihr Baby genauso viel Liebe und Nähe wie ein Stillkind.

✓ Für den Säugling kann es eventuell auch dann Muttermilch geben, wenn es mit dem Stillen nicht recht klappen mag – und zwar mit abgepumpter Milch.

OFT GEFRAGT

Welches Milchpulver ist geeignet?
Pre-Milch ist für Neugeborene in den ersten vier Lebensmonaten die erste Wahl, denn die Rezeptur kommt der Muttermilch am nächsten und der Säugling kann sie genau wie diese nach Bedarf trinken. Ist ein Kind allergiegefährdet, wird HA-Pre-Milchpulver empfohlen. Milchpulver vom Typ 1 kommt Muttermilch nicht ganz so nah und enthält neben Milchzucker noch andere Kohlenhydrate. 2er-Babymilch ist frühestens ab dem fünften Monat geeignet, sie enthält neben mehr Nährstoffen oft auch Zucker. Im Grunde braucht man sie gar nicht, weil Sie auch beim Zufüttern weiterhin Pre- und 1er-Milch geben können.

Wichtiges Flaschenwissen

✓ **Leitungswasser reicht:** Sie müssen kein teures Wasser kaufen, um die Babymilch anzurühren. Unser Trinkwasser unterliegt hohen Auflagen. Fragen Sie im Zweifelsfall beim örtlichen Wasserwerk nach oder erkundigen Sie sich bei Ihrem Kinderarzt.

✓ **Abkochen:** In den ersten Wochen sollte das Wasser abgekocht werden. Danach ist das nicht mehr nötig.

✓ **Milchpulver-Dosierung:** Sie kann je nach Hersteller schwanken. Verwenden Sie zudem den jeweils beiliegenden Dosierungslöffel. Bei zu wenig Milchpulver bekommt das Baby zu wenig Nährstoffe. Zu viel kann zu Verdauungsproblemen führen und die Nieren belasten.

✓ **Flasche aus Kunststoff oder Glas?** Das ist egal, solange das Baby die Flasche noch nicht selbst hält. Später sind Kunststoffflaschen besser. Wichtig: auf »BPA-frei« achten.

✓ **Welcher Sauger?** Kiefergerechte Sauger mit abgeflachter Rundung und Loch am Gaumenbereich fördern die Entwicklung der Kiefer.

✓ **Silikon oder Latex?** Sauger aus Silikon halten länger, die aus Latex sind elastischer und besser geeignet, wenn das Baby schon Zähne hat. Wählen Sie unbedingt die kleinste Lochgröße (»Teesauger«) und eine Saugerform, die der Brust ähnlich ist. Nach jedem Gebrauch gründlich reinigen und etwa alle fünf Wochen austauschen.

✓ **Schön sauber:** Flaschen und Sauger in den ersten sechs Wochen immer sterilisieren (einfach zehn Minuten in Wasser auskochen).

✓ **Wärmetest:** Ist die Milch auch nicht zu heiß? Sie sollte etwa Körpertemperatur haben – am besten am Handgelenk prüfen.

✓ **Das Baby bestimmt:** Ihr Kind entscheidet, wann es satt ist. Die Flasche muss nicht jedes Mal leer sein.

✓ **Frisch zubereiten:** Milchreste nicht aufbewahren, es können sich Bakterien bilden – auch, wenn das Baby gar nichts getrunken hat.

ZEIT FÜR BEIKOST

Irgendwann interessiert sich das Baby für mehr als nur Milch. Aber wie erkennen Eltern, dass die Zeit reif ist für Beikost?

Wann ist ein Baby bereit für Beikost?

✓ **Offizielle Empfehlung:** Kinderärzte empfehlen, mindestens bis zum Ende des vierten Monats voll zu stillen beziehungsweise das Fläschchen zu geben. Die Weltgesundheitsorganisation (WHO) rät dies sogar bis zum sechsten Monat. Spätestens mit Beginn des siebten Monats sollte die Beikostphase starten, weil Milch allein dann nicht mehr reicht.

✓ **Beikostreife:** Ab dem fünften Monat sind der Verdauungstrakt und die motorischen Fähigkeiten des Babys so weit entwickelt, dass das »Abenteuer Essen« beginnen kann.

✓ **Abstillen?** Nein, so weit ist es noch lange nicht. Die meisten Kinder nehmen am Anfang nur wenige Happen zu sich. Brei und Co. sind nur Beikost, die Hauptmahlzeit ist nach wie vor die (Mutter-)Milch.

INFO

Baby-Fingerfood
Nicht jedes Kind schätzt Brei. Dann darf es zum Beispiel Kartoffeln, Nudeln und gekochtes Gemüse, weiches Obst (eventuell ebenfalls dünsten), Brot (fein geschrotet und ohne Rinde) und faserarmes Fleisch (auch Hackfleischbällchen) sowie festfleischigen Fisch (ohne Gräten) gern auch als Fingerfood probieren. Wie fühlt sich das an? Wie schmeckt es? Kleine Entdecker finden das sehr spannend.

Essen für Anfänger

✓ **Einsteigerkost:** Zuerst gibt es mittags reinen Gemüsebrei – Karotten oder Pastinaken sind meist recht beliebt. Auch hier gilt: Füttern Sie nach Bedarf. Das Kind bestimmt die Größe der Portion.

✓ **Ersten Appetit stillen:** Anfangs vor dem Brei-Essen ein bisschen stillen. Dann ist das Baby nicht so hungrig und hat mehr Geduld.

✓ **Miniportionen:** Am Anfang reichen ein, zwei Löffel. Tipp: Gemüse weich kochen, pürieren und im Eiswürfelbehälter einfrieren. Ein Würfel davon genügt erst mal.

✓ **Bei Gläschen:** Portion vorher mit einem sauberen Löffel entnehmen und erwärmen. Ist Spucke im Glas oder wurde alles warm gemacht, können Sie den Brei nicht aufheben. So aber hält er sich im Kühlschrank noch ein bis zwei Tage (Packungsangabe beachten).

✓ **Trinken:** Zwar bekommt das Baby nach dem Brei anfangs noch Muttermilch oder Pre-Nahrung. Mit der ersten Mahlzeit sollte dazu aber auch Wasser angeboten werden. Standwasser ablaufen lassen, dann ist für ältere Babys auch Leitungswasser geeignet. Saftschorlen und Instanttees enthalten zu viel Zucker.

✓ **Ganz langsam:** Pro Monat langsam eine Milchmahlzeit durch eine Breimahlzeit ersetzen. Erst kommt mittags der reine Gemüsebrei, dann Gemüse mit Fleisch oder Fisch. Nach und nach kommen dazu ein Milch-Getreide-Brei am Abend und ein Obst-Getreide-Brei am Nachmittag. Pro Woche ein neues Lebensmittel. So kann die Verträglichkeit besser getestet werden.

✓ **Tabu im ersten Jahr:** Honig darf Ihr Baby auf keinen Fall vor dem ersten Geburtstag essen, weil er eine gefährliche Krankheit verursachen kann (Säuglingsbotulismus). Stark gezuckerte oder gesalzene Lebensmittel verträgt der kleine Magen auch noch nicht gut.

ABSCHIED VON DER MILCH

Abschied vom Stillen nimmt man normalerweise nicht von einem Tag auf den anderen. Es ist ein Prozess, der sich über mehrere Wochen hinzieht.

Schrittweises Abstillen

✓ **Der richtige Zeitpunkt:** Wenn das Kind immer weniger Interesse am Stillen zeigt, ist ein guter Zeitpunkt gekommen – genauso, wenn Sie selbst das Gefühl haben, dass es langsam genug ist. Passt das Stillen für beide, können Sie Ihrem Kind auch noch in der Kleinkindzeit die Brust geben.

✓ **Nicht drängen lassen:** Der erste Zahn? Die ersten Schritte? Der erste Brei? Oft rät das Umfeld dann abzustillen. Doch nur Sie und Ihr Kind entscheiden, wann der richtige Zeitpunkt dafür gekommen ist.

✓ **Eigene Gefühle nicht unterschätzen:** Es ist normal, wenn Sie traurig sind. Abstillen bedeutet immer auch einen Abschied von einer besonders innigen Lebensphase.

✓ **Geduldig sein:** Es kann bis zu drei Monate dauern, ehe ein Kind vollständig abgestillt ist.

✓ **Alternativen:** Bieten Sie statt der Brust ein Fläschchen an – mit abgepumpter Muttermilch oder Pre-Nahrung.

✓ **Umstellung:** Verringern Sie die Zeit, die das Baby an der Brust trinken darf. Zuerst Brei anbieten und Wasser zum Durstlöschen.

✓ **Schrittweise:** Reduzieren Sie über Wochen immer nur eine Mahlzeit, so hat Ihr Kind Zeit, sich daran zu gewöhnen. Durch das schrittweise Abstillen verringert sich auch die Milchbildung auf natürliche Weise, was einem Wundwerden der Brüste und einer Brustentzündung vorbeugen kann.

Abstillen in der Nacht

✓ Nicht mehr in der Nacht zu stillen bedeutet endlich auch wieder durchschlafen? Leider meist nicht. Denn das Kind wird noch immer wach, wenn es Durst oder Nähe möchte.

✓ Bleiben Sie standhaft. Wenn Sie sich einmal zum nächtlichen Abstillen entschieden haben, ist es wichtig, dieses Ziel auch zu verfolgen. Sie verwirren Ihr Kind sonst.

✓ Seien Sie für Ihr Kind da. Schmusen Sie viel, seien Sie verständnisvoll. Kinder dürfen ihren Unmut äußern.

✓ Bitten Sie Ihren Partner um Hilfe. Vom Papa erwartet das Kleine nicht die Brust und lässt sich daher vielleicht eher beruhigen.

✓ Stillen Sie am Abend das Kind in den Schlaf? Dann nicht gleichzeitig das Stillen in der Nacht und das Einschlafritual ändern.

Wenn sofort abgestillt werden muss

✓ Sofortiges Abstillen ist oft nötig, wenn eine Operation ansteht oder Sie Medikamente einnehmen müssen, deren Wirkstoffe in die Muttermilch übergehen. Lassen Sie sich vom Arzt oder von der Hebamme beraten, welche Mittel es gibt, um den Milchfluss zu bremsen.

✓ Streichen Sie die Milch nicht aus, das regt zu weiterer Milchbildung an. Nehmen Sie stattdessen Kühlpacks und binden Sie ein Tuch fest um Ihre Brust. Salbeetee zu trinken kann ebenfalls helfen.

✓ Zeigen Sie Verständnis für Ihr Kind, für das die Umstellung sehr plötzlich ist. Es braucht jetzt extra viel Nähe und Streicheleinheiten. Auch beim Fläschchengeben kann gekuschelt werden.

✓ Bei Fieber, Unwohlsein und Schmerzen gehen Sie umgehend zum Arzt, es könnte sich um eine Brustentzündung handeln.

DIE ERSTEN ZÄHNE

Einige bekommen schon mit drei Monaten kleine Beißerchen, andere erst mit 15 Monaten.

Zeichen des Zahnens

- ✓ Das Baby ist sehr unruhig, weinerlich und schläft schlecht.
- ✓ Es sabbert ganz besonders viel (»Speicheln«).
- ✓ Seine Wangen sind sehr rot und oft hat es leichtes Fieber.
- ✓ Sein Gaumen ist geschwollen und gereizt.
- ✓ Sein Po neigt zum Wundsein.
- ✓ Das Baby steckt die Faust viel in den Mund und beißt darauf herum.

Hilfe gegen Zahnungsschmerz

- ✓ Beißringe mit kühlendem Gel
- ✓ Homöopathische Globuli (Chamomilla D12, Osanit®)
- ✓ Gel gegen Spannungsgefühl
- ✓ Quält sich das Kind sehr, können Sie Ihren Kinderarzt fragen, ob Sie ihm ein Schmerzmittel geben dürfen.

INFO

Zahnpflege
Sobald der erste kleine Zahn da ist, darf geputzt werden. Am Anfang genügt es dazu, ihn zweimal täglich sanft mit einem kleinen Tuch sauber zu reiben.

DAS BABY WIRD MOBIL

Drehen, robben und sich mit den Armen nach vorne ziehen? Jedes Kind hat ein anderes Tempo. Aber alle wollen sich gern bewegen. Das Abenteuer beginnt ...

Motorische Meisterleistungen

✓ **Bewegungsdrang:** Jedes Baby möchte sich gern bewegen – auf dem Arm, auf dem Schoß oder auf dem Boden. In der Babyschale geht das kaum, daher sollte sie immer nur kurz genutzt werden.

✓ **Der Reihe nach:** Erst wird der Kopf gehoben, dann kommt das Drehen, das Rollen, Krabbeln und am Schluss das Laufen. Dabei hat jedes Kind sein eigenes Tempo und einige rutschen auch lieber auf dem Po oder möchten gleich loslaufen und hangeln sich dazu am Sofa entlang. Andere brauchen länger. Sollten Sie sich Sorgen machen, sprechen Sie den Kinderarzt an.

✓ **Neugier:** Das Baby fängt an, mit Daumen und Zeigefinger Dinge aufzusammeln und genau zu untersuchen. Das übt die Feinmotorik. Achten Sie darauf, dass keine verschluckbaren Teile herumliegen.

Babys Kompetenz stärken

✓ **Du schaffst das:** Das Baby möchte seinen Kopf allein halten? Dafür braucht es vor allem die Möglichkeit, auf dem Bauch zu liegen beziehungsweise so gehalten zu werden, dass es üben kann.

✓ **Ziel vor Augen:** Das bunte Buch oder die Rassel? Wenn ein Baby etwas erreichen und den Weg allein irgendwie schafft, ist es stolz.

✓ **Üben, üben, üben:** Ein Baby braucht manchmal Wochen, um etwas zu üben. Umso großer ist die Freude, wenn es Erfolg hat.

KRANKES BABY

Fieber, Schnupfen oder die erste kleine Verletzung? Ist das Kind krank, sorgen sich die Eltern.

Bei diesen Zeichen sollten Sie zum Kinderarzt

✓ Wenn ein Säugling nicht ausreichend oder schlecht trinkt.

✓ Bei Fieber von mehr als 38 Grad Celsius.

✓ Wenn das Baby besonders viel spuckt oder sich oft erbricht.

✓ Bei entzündeter, geröteter Haut oder Quaddeln.

✓ Bei hartnäckigem Schnupfen oder Husten.

✓ Wenn das Baby ungewöhnlich weinerlich ist.

✓ Wenn es matt, erschöpft und teilnahmslos ist.

✓ Bei auffällig vielen nassen Windeln und Durchfall.

Alarmzeichen! Sofort Notruf oder Klinik

✓ Das Baby weint schrill und panisch und scheint in Not.

✓ Das Baby trinkt gar nicht, die Fontanelle sieht eingefallen aus.

✓ Das Kind ist gestürzt oder gefallen. Es wirkt apathisch oder hat über 40 Grad Celsius Fieber.

✓ Es besteht der Verdacht, dass es etwas Giftiges geschluckt hat (zum Beispiel Tabak).

✓ Das Baby atmet sichtbar angestrengt oder man vernimmt beim Atmen deutlich hörbare Geräusche.

✓ Ein Insekt hat das Baby in den Mund, den Rachenraum oder die Zunge gestochen.

IMPFUNGEN

In Deutschland, Österreich und der Schweiz besteht keine Impfpflicht, daher liegt diese Entscheidung bei Ihnen.

Impfungen schützen Leben

- ✓ Damit Antikörper gebildet werden können, bringen die Impfungen den abgeschwächten Erreger oder Teile davon in den Körper.
- ✓ Kritiker sorgen sich um Nach- und Nebenwirkungen. Befürworter sehen, dass die Vorteile des Impfschutzes überwiegen und viele lebensbedrohliche Erkrankungen ausgerottet werden.
- ✓ Die meisten Ärzte beraten individuell, auch wenn sie sich an die Impfempfehlung der Ständigen Impfkommission (STIKO) halten.
- ✓ Trotz Grundimmunisierung (siehe unten) sind bei einigen Erregern später Auffrischimpfungen nötig.

Empfohlene Impfungen in den ersten 24 Monaten

- ✓ **6 Wochen:** Rotaviren
- ✓ **2 Monate:** Sechsfach-Impfung (Diphtherie, Wundstarrkrampf, Kinderlähmung, Keuchhusten, Haemophilus influenzae Typ b (Hib), Hepatitis B), Pneumokokken, Rotaviren
- ✓ **3 Monate:** Sechsfach-Impfung, Rotaviren
- ✓ **4 Monate:** Sechsfach-Impfung, Pneumokokken
- ✓ **11–14 Monate:** Sechsfach-Impfung, Pneumokokken, MMR (Masern, Mumps, Röteln), Meningokokken C, Windpocken
- ✓ **15–23 Monate:** MMR (Masern, Mumps, Röteln), Meningokokken C, Windpocken

GUT ZU WISSEN –
ORGANISATION UND MEHR

WER UNTERSTÜTZT UNS?

Die glückliche Familie, die stets lacht und nie Sorgen hat, gibt es nicht. Doch auch wenn nicht immer alles leicht ist, müssen Eltern mit ihren Nöten nicht allein bleiben. Wichtig ist: signalisieren, dass Hilfe benötigt wird. Nur dann können andere Ihnen den Rücken freihalten.

Wer ist für uns da?

✓ **Freunde und Familie:** Wie praktisch, wenn es ein enges Netzwerk an nahestehenden Menschen gibt. Wichtig ist jedoch, sich gut abzusprechen und (möglicherweise unterschiedliche) Erwartungshaltungen zu klären. Wie oft können die anderen einspringen? Fühlen sie sich ausgenutzt? Wo sind ihre Grenzen?

✓ **Was ist möglich?** Die Großeltern, Paten oder gute Freunde sind dem Kind vertraut. Etwas kochen, Hilfe im Haushalt oder gelegentliche Betreuung können daher sehr helfen. Allerdings haben die meisten nicht so viel Zeit, dass eine tägliche Unterstützung möglich ist.

✓ **Kosten?** Kosten entstehen zwar nicht. Aber wer Hilfe bekommt, muss damit rechnen, dass er später auch einmal selbst um Unterstützung gebeten wird.

Hebammen

✓ **Nachsorgehebammen:** Helfen beim Stillen, bei der Babypflege und der ersten Zeit mit Baby. In den ersten zehn Tagen nach der Geburt bis zu zwei Besuche täglich, danach 16 weitere Hausbesuche bis acht Wochen nach der Geburt. In Einzelfällen ist mit ärztlichem Attest auch eine Verlängerung der Betreuung möglich.

✓ **Familienhebammen:** Überlastung, chronische Krankheiten, eine belastende Familiensituation – speziell ausgebildete Hebammen können im gesamten ersten Lebensjahr helfen.

✓ **Kosten?** Die Betreuung durch die Nachsorgehebamme ist eine Kassenleistung. Bei den Kosten für die Familienhebamme unterstützt die Gemeinde oder das Jugendamt im Rahmen der »frühen Hilfen«. Unter Umständen springt auch die Kasse ein. Mehr Informationen unter **www.hebammenverband.de**, **www.hebammensuche.de** und **www.fruehehilfen.de**.

Notfallmamas und ehrenamtliche Nachbarschaftshilfe

✓ **Notfallmamas:** Wenn Eltern wieder arbeiten müssen, das Kind aber noch krank ist, kümmern sich in einigen Orten Notfallmamas zu Hause um den Patienten. Infos unter **www.notfallmamas.de**.

✓ **Nachbarschaftshilfe:** Die Organisation wellcome ist bundesweit an über 250 Standorten vertreten. Ehrenamtliche Helfer bieten im ersten Jahr Unterstützung für junge Familien. Infos gibt es unter **www.wellcome-online.de**. Der Verein bietet auch kostenlosen Expertenrat unter **www.elternleben.de**.

✓ **Kosten:** Die Unterstützerinnen von wellcome werden mit 5 Euro in der Stunde vergütet, bei sehr geringen Einkommen ist eine Förderung möglich. Die Notfallmama-Betreuung kostet in der Regel pro Stunde 35 Euro. Manche Betriebe übernehmen die Kosten.

EINEN KINDERARZT FINDEN

Fachlich sind die meisten Ärzte kompetent, aber Sie müssen sich auch gut aufgehoben und beraten fühlen.

Wichtig in der Kinderarztpraxis

- ✓ **Erreichbarkeit:** Wie gut ist die Praxis für Sie zu erreichen? Macht der Arzt auch Hausbesuche? Gibt er bei Fragen auch telefonisch Rat?
- ✓ **Termine:** Wie lange sind die Wartezeiten? Werden auch Notfallsprechstunden eingeräumt?
- ✓ **Zeit:** Nimmt sich der Arzt genug Zeit, auch wenn es sich um Routineuntersuchungen handelt und/oder das Wartezimmer voll ist?
- ✓ **Zugewandt:** Ist der Arzt freundlich zu Ihrem Kind? Achtet er neben der körperlichen Untersuchung auch auf seine seelische Verfassung? Hat er ein Ohr für Ihre Fragen und nimmt er Ihre Sorgen ernst?
- ✓ **Selbstverständnis:** Legen Sie selbst großen Wert auf Naturheilkunde? Dann suchen Sie einen Kinderarzt, der diesen Behandlungsmethoden gegenüber aufgeschlossen ist.
- ✓ **Fachlichkeit:** Fühlen Sie sich gut beraten? Weist der Arzt auch auf Fachärzte hin und überweist Ihr Kind dorthin, wenn es nötig ist?

TIPP

Guten Rat von Experten einholen
Erkundigen Sie sich bei Eltern in der Nachbarschaft: Welche Kinderärzte empfehlen sie? Oft haben auch die Geburtsklinik oder die Hebamme Adresslisten. Oder Sie recherchieren im Netz unter **www.kinderaerzte-im-netz.de**.

MUTTERSCHUTZ

Seit 1952 schützt ein Gesetz Mütter in der Schwangerschaft und in den ersten Wochen nach der Geburt.

Schutz im Berufsleben

✓ Die Mutterschutzfrist beginnt sechs Wochen vor dem errechneten Geburtstermin und dauert bis zur achten Wochen nach der Geburt an. Bei Frühchen oder Mehrlingen verlängert sich die Frist.

✓ Schwangere und Mütter haben bis zur vier Monate nach der Geburt besonderen Kündigungsschutz.

✓ Kündigungsschutz gilt auch in der Elternzeit – für Mütter und Väter.

Finanzielle Unterstützung in der ersten Zeit

✓ Angestellte und gesetzlich Versicherte erhalten pro Tag maximal 13 Euro von der Krankenkasse (ab sieben Wochen vor der Geburt beantragen). Die exakte Höhe richtet sich nach dem bereinigten Nettogehalt der letzten drei Monate. Urlaubsgeld, Weihnachtsgeld etc. werden nicht mit eingerechnet. Der Arbeitgeber muss diesen Betrag zusätzlich aufstocken.

✓ Private Krankenkassen zahlen kein Mutterschutzgeld. Dafür gibt es einmalig bis zu 210 Euro. Zuständig ist hier die Mutterschaftsgeldstelle des Bundesversicherungsamts (**www.mutterschaftsgeld.de**). Arbeitgeber zahlen den bereinigten Nettolohn minus 13 Euro weiter.

✓ Schwanger mit dem zweiten Kind in der Elternzeit? Gesetzlich Versicherte haben erneut Anspruch auf die Gehaltsleistung der Kassen, Privatversicherte auf die Einmalzahlung. In der Elternzeit ist der Arbeitgeber allerdings nicht zu einem Zuschuss verpflichtet.

ELTERNZEIT

Die Zeit mit dem Kind ist Erziehungsarbeit für die Eltern, darum wurde der Begriff 2001 offiziell in Elternzeit geändert.

Wichtige Fakten zur Elternzeit

- ✓ **Für wen?** Alle Arbeitnehmer haben Rechtsanspruch auf die Freistellung von der Arbeit – das gilt ausdrücklich für beide Elternteile. Sie können die Elternzeit frei aufteilen, gleichzeitig oder nacheinander beantragen. Selbstständige haben keinen Rechtsanspruch.
- ✓ **Wie lange?** Insgesamt besteht ein Anspruch auf drei Jahre.
- ✓ **Arbeitgeber:** Die Elternzeit muss fristgerecht mitgeteilt werden. Eine ausdrückliche Zustimmung ist nicht nötig. Der Arbeitgeber kann aus betrieblichen Gründen ein Veto einlegen, wenn die Elternzeit in drei Abschnitte aufgeteilt wird und der dritte davon zwischen dem dritten und achten Lebensjahr des Kindes beansprucht wird.
- ✓ **Fristen:** Wollen Sie die Elternzeit bis zum dritten Geburtstag nehmen, müssen Sie Ihrem Arbeitgeber dies bis zu sieben Wochen vor Beginn schriftlich mitteilen, bei Elternzeit zwischen dem dritten und achten Geburtstag bis zu 13 Wochen vor Beginn. Diese Fristen gelten auch, wenn Sie einen Teilzeitanspruch (bis 30 Stunden in der Woche) geltend machen möchten.
- ✓ **Urlaubsanspruch?** Auch während der Elternzeit haben Sie Anspruch auf Urlaub. Der Arbeitgeber kann diesen allerdings für jeden vollen Kalendermonat der Elternzeit um ein Zwölftel kürzen.
- ✓ **Zurück in den alten Job?** Nach der Elternzeit haben Sie Anspruch auf einen gleichwertigen Arbeitsplatz – nicht auf einen bestimmten.
- ✓ **Früher zurück?** Eine Verkürzung der Elternzeit ist nur in Abstimmung mit dem Arbeitgeber möglich.

Flexibel – ganz nach Bedarf der Familie

✓ **Aufteilung nach Wunsch:** Die Elternzeit kann aufgeteilt werden. Am Gesamtanspruch ändert das nichts. Eltern können also zum Beispiel zunächst nur die ersten zwölf Lebensmonate ihres Kindes als Elternzeit beanspruchen und die »unverbrauchten« Monate zwischen dem dritten und achten Geburtstag in Anspruch nehmen.

✓ **Mama und Papa:** Gemeinsame Zeit als Familie? Oft nehmen Eltern einige Wochen gemeinsam Elternzeit. Das liegt sicher auch an den bezahlten »Vätermonaten« (siehe Seite 50 f.). Immer mehr Väter nehmen auch mehrere Monate Erziehungszeit.

✓ **Absprachen sind wichtig:** Wer nimmt wie lange eine berufliche Auszeit? Für viele Familien ist dies ganz klar auch eine wirtschaftliche Entscheidung. Wichtig sind Absprachen. Wer leistet die Erwerbsarbeit? Wer die Familienarbeit? Wer hat welche Zuständigkeiten? Wie sind die Finanzen geregelt?

✓ **Gemeinsame Elternzeit:** Wenn beide Elternteile gleichzeitig eine berufliche Auszeit nehmen können, ist das für alle ein Gewinn – und eine tolle Chance, als Familie zusammenzuwachsen und eine enge Bindung aufzubauen. Zum Kind, aber auch zum Partner beziehungsweise zur Partnerin.

WICHTIG

Achtung, Ausnahmen!
Es gibt durchaus Ausnahmen beim Rechtsanspruch auf Elternteilzeit: Wenn der Arbeitgeber weniger als 15 Arbeitnehmer beschäftigt oder wenn das Arbeitsverhältnis noch keine sechs Monate andauert.

ELTERNGELD

Nach der Geburt eines Kindes steht Müttern und Vätern in Deutschland Elterngeld zu.

Wichtige Fakten zum Elterngeld

✓ **Was ist das?** Das Elterngeld ist eine finanzielle Familienleistung, mit der in Deutschland Eltern unterstützt werden, die ihr Kind selbst versorgen und nicht mehr als 30 Stunden in der Woche arbeiten.

✓ **Wer bekommt es?** Elterngeld wird für leibliche Kinder ausgezahlt, egal, ob die Eltern verheiratet sind oder nicht. Auch für adoptierte Kinder besteht ein Anspruch. Stiefeltern oder Eltern, die in einer eingetragenen Lebensgemeinschaft leben, können Elterngeld beantragen, wenn sie ihre Berufstätigkeit für die Betreuung reduzieren.

✓ **Nur für Festangestellte?** Auch Erwerbslose, Hausfrauen und Studierende können Elterngeld beziehen, genau wie Selbstständige und Beamte. Wer im Jahr vor der Geburt des Kindes kein eigenes Einkommen hatte, bekommt den Mindestsatz von 300 Euro pro Monat.

✓ **Wie lange?** Das Elterngeld wird in der Regel 14 Monate gezahlt. Bei Paaren kann ein Elternteil höchstens 12 Monate Elterngeld beziehen, der Partner hat zusätzlich Anspruch auf zwei weitere Monate – wenn er seine Arbeitszeit mindert oder aussetzt. Alleinerziehende haben einen Anspruch von 14 Monaten.

✓ **Wie viel?** Der Mindestsatz beträgt 300, der Höchstsatz 1 800 Euro im Monat. Die Höhe orientiert sich am durchschnittlich verdienten Einkommen in den zwölf Monaten vor der Geburt und liegt im Regelfall bei 67 Prozent des Nettoverdienstes. Das Einkommen des Partners, der kein Elterngeld beantragt, spielt bei der Berechnung keine Rolle. Hilfreich ist der Elterngeldrechner des Bundesfamilienministeriums (**www.familien-wegweiser.de/ElterngeldrechnerPlaner**).

✓ **Wenn es mehrere Kinder gibt:** Mehrkindfamilien mit kleinen Kindern erhalten einen Geschwisterbonus, wenn es mindestens ein Geschwisterkind unter drei Jahren oder zwei Geschwister unter sechs Jahren gibt. Der Geschwisterbonus wird monatlich in Höhe von 10 Prozent des Elterngeldes gezahlt. Bei Mehrlingsgeburten wird ein Mehrlingszuschlag von 300 Euro im Monat gezahlt.

✓ **Was ist ElterngeldPlus?** Der Elterngeldbezug kann auf 24 Monate gestreckt werden, wobei die ausgezahlte Gesamtsumme gleich bleibt. Das heißt, es gibt monatlich weniger Geld, dafür aber länger.

✓ **Wo stelle ich den Antrag?** Am besten bereiten Sie schon am Ende der Schwangerschaft alle Unterlagen vor und stellen den Antrag dann sofort nach der Geburt. Das Elterngeld wird für drei Monate rückwirkend gezahlt. In einigen Bundesländern kann die Antragsbearbeitung recht lange dauern. Verantwortlich: Elterngeldstellen der Bundesländer. Mehr Infos unter **www.bmfsfj.de** (Eltern aus Österreich und der Schweiz erhalten unter **www.frauenratgeberin.at** beziehungsweise **www.ch.ch/de/familie-und-arbeit** länderspezifische Auskünfte).

INFO

Gute finanzielle Planung
Sie können selbst entscheiden, welches Elterngeldmodell am besten zu Ihnen passt. Eltern dürfen die Monate nämlich auch unterschiedlich verteilen: So könnte die Mutter zwei Monate Mutterschafts- und fünf Monate Elterngeld beantragen, der Vater sieben Monate Elterngeld. Damit beide Eltern Beruf und Familie kombinieren können, gibt es den »Partnerbonus«, sofern Mutter und Vater parallel mindestens vier Monate verkürzt zwischen 25 und 30 Wochenstunden arbeiten. Das ElterngeldPlus plus Partnerbonus kann dann den Elterngeldbezug auf insgesamt 28 Monate strecken.

WEITERE FINANZSPRITZEN

Je größer die Familie wird, desto mehr muss oft aufs Geld geschaut werden. Welche Unterstützung gibt es?

Welche Gelder stehen uns zu?

✓ **Betreuungskosten:** Zwei Drittel der Kinderbetreuungskosten, höchstens jedoch 4000 Euro je Kind, sind als Sonderausgaben abzugsfähig beziehungsweise als Freibetrag beim Lohnsteuerabzug zu berücksichtigen.

✓ **Kindergeld:** Darauf haben alle Eltern in Deutschland ein Anrecht – unabhängig von ihrem Einkommen. Beantragt wird das Kindergeld bei der Agentur für Arbeit. Das Kindergeld ist nach Anzahl der Kinder gestaffelt und muss nicht versteuert werden. Für das erste und zweite Kind werden aktuell 194 Euro gezahlt, für das dritte 202 Euro und für das vierte sowie jedes weitere Kind 225 Euro pro Monat. Zuständig ist die Familienkasse bei der Agentur für Arbeit.

✓ **Kinderfreibetrag:** Eine steuerliche Begünstigung für Eltern. Ziel ist es, den Grundfreibetrag, den jeder einkommenssteuerpflichtige Erwachsene angerechnet bekommt, zu erhöhen. Steuern werden nur auf Einkommen über dem Grundfreibetrag erhoben. Der steuerliche Freibetrag für Kinder wird alle zwei Jahre neu angepasst.

✓ **Kinderzuschlag:** Er beträgt monatlich bis zu 180 Euro pro Kind. Die Mindesteinkommensgrenzen liegen bei 900 Euro für Paare und bei 600 Euro im Monat für Alleinerziehende. Wer weniger Einkommen hat, kann Hilfe wie ALG II oder Sozialhilfe in Anspruch nehmen.

✓ **Landeserziehungsgeld:** In Sachsen und Bayern kann Landeserziehungsgeld beantragt werden. Es ist unterschiedlich hoch und schließt an das Elterngeld an. Mehr Infos: **www.zbfs.bayern.de** und **www.familie.sachsen.de**.

✓ **Leistungen für Bildung und Teilhabe:** Familien mit geringen Einkommen können Förderung von der Gemeinde oder Kommune bekommen. Finanziert werden unter anderem Schulmaterial, Lernförderung, Klassenfahrten oder Zuschüsse zur Mittagsverpflegung.

✓ **Riester-Rente:** Eltern werden bei der Riester-Rente besonders gefördert. Pro Kind erhalten Mütter und Väter, die einzahlen, eine staatliche Förderung – 300 Euro pro Kind im Jahr. Wie sinnvoll diese Rente für die jeweilige Familienfinanzsituation ist, darüber informieren die Verbraucherzentralen (**www.verbraucherzentrale.de**).

✓ **Unterhaltsvorschuss:** Zahlt das andere Elternteil nicht oder kann es nicht für den Unterhalt aufkommen, haben Alleinerziehende das Recht, einen staatlichen Unterhaltsvorschuss beim Jugendamt zu beantragen. Der Anspruch gilt bis zum 18. Lebensjahr des Kindes. Tipps und Infos gibt unter anderem der Bundesverband für Alleinerziehende (**www.vamv.de**).

✓ **Wohngeld:** Für alle mit geringen Einkommen gibt es die Möglichkeit, Wohngeld zu beantragen. Es wird als staatlicher Mietzuschuss oder als Lastenzuschuss vom Wohnungsamt gezahlt, wenn bestimmte Voraussetzungen erfüllt sind. Informationen erhalten Sie unter **www.bmu.de/themen/stadt-wohnen/wohngeld**.

INFO

Sparen für das Kind
Kleine Geldgeschenke der Verwandtschaft und Extrazahlungen für den Nachwuchs anlegen? Viele Eltern nutzen das Angebot von Banken und Sparkassen und eröffnen ein spezielles Konto oder ein Sparbuch für Kinder. Meist sind diese gut verzinst. Wichtig: Eltern dürfen das Konto nur verwalten. Großeltern brauchen für die Anlage eine Vollmacht der Eltern des Kindes, Alleinerziehende einen Nachweis des alleinigen Sorgerechts. Mehr Infos finden Sie unter **www.verbraucherzentrale.de**.

BABYSITTER

Irgendwann ist es so weit: Mama und Papa möchten mal wieder Zeit zu zweit. Oder beide haben einen wichtigen Termin. Wer hütet dann das Kind? Und was ist wichtig?

Worauf ist bei einem Babysitter zu achten?

✓ **Herz und Seele:** Idealerweise ist der Babysitter jemand, der sich regelmäßig um das Kind kümmert, wenn die Eltern nicht da sind.

✓ **Wer ist geeignet?** Der Sohn der Nachbarin, die Schwester der Erzieherin oder eine Freundin der Oma? Das Alter spielt eine Nebenrolle. Wichtig ist Vertrauen.

✓ **Was wird gezahlt?** Sehr unterschiedlich. Professionelle Betreuer verlangen mit Recht mehr Geld als Schülerinnen. Am besten erkundigen Sie sich bei anderen Eltern, was vor Ort üblich ist.

✓ **Wie finden?** Auch diesbezüglich haben andere Eltern oft die besten Tipps. Ein Aushang in der Kita, an der Uni oder ein örtlicher Babysitterdienst können ebenfalls weiterhelfen.

✓ **Eingewöhnung:** Wichtig ist, dass Ihr Kind den neuen Menschen kennt, wenn Sie es allein lassen. Wenn es schläft und aufwacht, sollte das Gesicht vertraut sein. Gut ist mindestens ein gemeinsamer Nachmittag vorher – mit Mama oder Papa. Besser mehr!

✓ **Notfallnummern und Absprachen:** Was muss der Babysitter beachten? Je besser Sie alles im Vorhinein klären, desto einfacher. Hinterlegen Sie unbedingt mehrere Telefonnummern für den Notfall, falls doch mal der Akku des Smartphones leer sein sollte.

Fragen zum Babysitter

✓ **Motivation:** Was ist dem Babysitter wichtig? Möchte sie/er gern Zeit mit Kindern verbringen? Oder geht es nur ums Geldverdienen?

✓ **Erfahrung:** Welche Kenntnisse bringt der Babysitter mit? Wie geübt ist sie/er im Umgang mit kleinen Kindern? Fragt sie/er beim Kennenlernen nach Gewohnheiten des Kindes oder nach Ritualen?

✓ **Herzenswärme:** Wie spricht sie/er mit dem Baby? Wie einfühlsam ist sie/er? Und wie reagiert das Kind? Scheint es sie/ihn zu mögen?

✓ **Zuverlässigkeit:** Können Sie sich auf den Babysitter verlassen? Werden Termine eingehalten? Wie kurzfristig ist sie/er zu »buchen«, wie oft hat sie/er Zeit?

✓ **Erste Hilfe?** Sind Kenntnisse vorhanden?

✓ **Haftpflichtversicherung:** Unbedingt abklären, ob sie vorhanden ist. Jugendliche sind meist über die Eltern versichert.

✓ **Zahlung auf das Konto:** Die Kinderbetreuung soll später beim Finanzamt abgesetzt werden? Dann muss der Lohn aufs Konto überwiesen werden können.

✓ **Bauchgefühl:** Stimmt die Chemie? Hören Sie auf Ihr Gefühl und beraten Sie sich mit Ihrem Partner. Es muss für alle stimmen.

Die rechtliche Absicherung
Ein Babysitter ist offiziell als Haushaltshilfe tätig und muss daher bei der Unfallversicherung oder der Minijob-Zentrale gemeldet werden. Der Jahresbetrag beträgt etwa 50 Euro – bei Nichtanmeldung droht ein Bußgeld. Die wenigsten Eltern wissen jedoch, dass sie zu einer solchen Zahlung verpflichtet sind. Mehr Infos unter **www.unfallkassen.de**.

Das zweite Jahr wird mindestens
so spannend wie das erste.
Versprochen! Jeden Tag wird Ihr Kind
die Welt mehr erkunden – und Sie
werden gemeinsam mit ihm vieles
mit anderen Augen sehen.

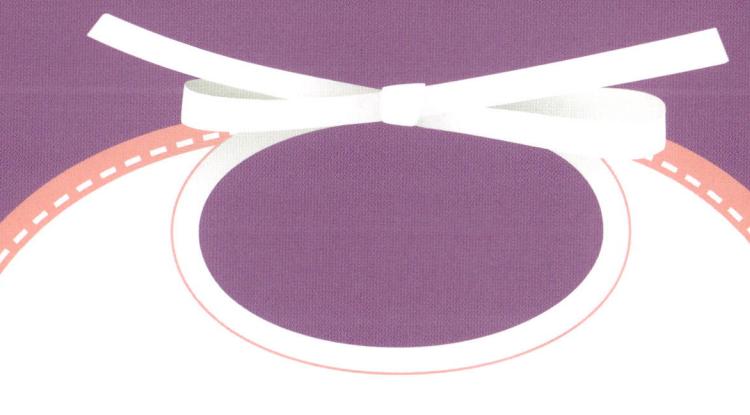

DAS ZWEITE JAHR

ALLTAG MIT KLEINKIND

DER ERSTE GEBURTSTAG

Zwölf Monate sind so schnell vorbei – und der erste Geburtstag ist für die ganze Familie ein besonderes Fest.

Den ersten Kindergeburtstag planen

✓ **Gäste zum Fest:** Pro Lebensjahr ein Gast – so lautet eigentlich die Faustregel. Bei Einjährigen darf aber eine Ausnahme gemacht werden. Entscheidend ist, wie viel Trubel das Geburtstagskind verträgt.

✓ **Elternabend:** Der erste Geburtstag ist ein guter Anlass für einen Rückblick und eine Feier für zwei. Wie war das erste Jahr für Sie als Mama und Papa? Eltern sein und Liebespaar bleiben – wer das schafft, kann stolz sein.

✓ **Wer schenkt was?** Das sollte gut abgesprochen werden. Zu viel überfordert die Kleinsten.

Geschenkideen für Kleinkinder

✓ Erste Puppe (lieben alle Kinder, nicht nur Mädchen)

✓ Holzwagen für Puppen und Kuscheltiere

✓ Rutschauto

✓ Holzkugelbahn mit großen Kugeln

✓ Kindergeschirr und erstes Besteck

✓ Kleiner Rucksack

DAS EIGENE ZIMMER

Es gibt kein ideales Alter für den Umzug ins Kinderzimmer. Jedes Kind hat sein eigenes Tempo.

Ein eigenes Reich für Prinzen und Prinzessinnen

✓ **Kleiner Palast:** Kleinkinder brauchen eigentlich kein eigenes Zimmer. Eine Spielecke im Wohnzimmer, eine Schublade zum Ausräumen in der Küche, ein kuscheliger Schlafplatz: Das genügt.

✓ **Ort zum Wohlfühlen:** Gibt es ein Kinderzimmer, sollte es auch genutzt werden – zum gemeinsamen Spielen, zum Anziehen und als Rückzugsort. Kleinkinder können sich zwischendurch auch schon mal gut allein beschäftigen – und mögen das durchaus.

✓ **Kein Kerker:** Auf keinen Fall sollte der Raum mit Drohungen verbunden sein. »Geh in dein Zimmer« sollte eine Aufforderung zum Spielen oder Ruhen sein, keine Strafe. Bleibt die Tür offen und hört das Kind die Eltern, fühlt es sich sicherer.

Tipps zum Schlafen im eigenen Zimmer

✓ Wichtig ist, dass das Kind sein Zimmer und vor allem sein Bett mag und sich dort wohlfühlt.

✓ Ein Umzug kann auch in Etappen verlaufen. Erst nur der Mittagsschlaf, später die ganze Nacht.

✓ Ihr Kind muss sich sicher und geborgen fühlen. Wenn es weint oder unruhig ist, sollten Sie sofort reagieren. So weiß es: Mama und Papa sind da und kommen, wenn ich sie brauche.

✓ Gibt es große Geschwister, mit denen das Zimmer geteilt wird, fällt der Umzug leichter, weil es sich nicht allein fühlt.

AM FAMILIENTISCH

Im zweiten Lebensjahr nimmt Ihr Kleinkind an jeder Mahlzeit teil – so sauber wie früher ist es deshalb am Esstisch nicht mehr. Aber auch das gehört zum Familienleben.

Essen wie die Großen

✓ Auch wenn ein Kind noch nebenher gestillt wird oder sein Fläschchen mag, ernährt es sich nun wie die Erwachsenen von drei Hauptmahlzeiten: Frühstück, Mittag- und Abendessen. Ein oder zwei Zwischenmahlzeiten gehören auch dazu.

✓ Ihr Kind kann jetzt das Gleiche essen wie Sie. Sie können also einfach ganz normal kochen – aber bitte weniger stark würzen.

✓ Das Tempo, wie schnell und wie viel es vom Familientisch mitessen möchten, bestimmt Ihr Kind. Aber auch, wenn es nichts essen will, sollte es bei den Mahlzeiten mit Ihnen am Tisch sitzen. Irgendwann möchte jedes Kind kosten, was die Erwachsenen essen.

✓ Mit dem zweiten Lebensjahr sind fast alle Lebensmittel erlaubt. Hartes und gegrilltes Fleisch, Frittiertes und sehr stark gewürztes Essen vertragen viele Kinder aber noch nicht gut. Und: Auf rohes Fleisch, rohen Fisch, rohe Eier oder rohe Sprossen unbedingt noch verzichten, bis das Immunsystem weniger empfindlich ist.

✓ Regelmäßige Mahlzeiten sind wichtig. So erhält das Kind die Energie und Nährstoffe, die es braucht.

✓ Immer etwas zu essen in der Hand? Lieber nicht. Zwischen den Mahlzeiten sollten Pausen von etwa zwei bis drei Stunden liegen.

✓ Geben Sie Ihrem Kind ausreichend zu trinken. Geeignet sind alle Getränke ohne Zucker wie Leitungswasser, stilles Mineralwasser, ungesüßter Früchte- oder Kräutertee.

Was gibt es auf den Löffel oder in die Hand?

✓ **Frühstück:** Fein gemahlenes Vollkornbrot mit Butter oder Frischkäse mögen fast alle (Marmelade möglichst wenig süß). Auch Joghurt mit frischem Obst und Haferflocken ist geeignet. »Kinder-Frühstückszerealien« dagegen enthalten zu viel Zucker!

✓ **Mittagessen:** Gekochte Kartoffeln, Naturreis oder Vollkornnudeln sowie Gemüse sind die Grundlagen. Zwei- bis dreimal pro Woche können dazu ein kleines Stück Fleisch und einmal pro Woche Fisch kommen. Bevorzugen Sie fettarme Fleischsorten. Die warme Mahlzeit darf natürlich auch auf den Abend fallen.

✓ **Abendessen:** Zum fein gemahlenen Vollkornbrot passen Butter, Frischkäse, Streichwurst (nicht zu sehr gewürzt oder salzig) oder pflanzliche Aufstriche. Mag das Kind lieber noch Brei? Dann bieten Sie warmen Grieß- oder Haferflockenbrei an.

✓ **Zwischenmahlzeiten:** Etwas Obst, ein Joghurt oder Gemüsesticks mit Dipp mögen die meisten Kinder. Und »Babykekse«? Lieber nicht! Bieten Sie möglichst wenig zuckerhaltige Lebensmittel an.

✓ **Vorsicht:** Geben Sie Ihrem Kind keine harten Karottenstücke, keine ungeschälten Apfelstücke und Ähnliches. Nüsse, Trauben und harte Hülsenfrüchte sind ebenfalls tabu. Erstickungsgefahr!

OFT GEFRAGT

Wie sieht die ideale Ernährung für Kinder aus?
Damit beschäftigen sich viele Wissenschaftler – auch weil das Thema Unverträglichkeiten und Allergien immer mehr Kinder betrifft. Infos bietet das Forschungsinstitut für Kinderernährung (FKE) unter: **www.fke-do.de.** Für den Elternalltag auch sehr hilfreich ist eine von der Stiftung Kindergesundheit entwickelte App: **www.familie-gesund-ernaehrt.de/app-kind-essen/.**

IM STRASSENVERKEHR

Können sie laufen, können sie auch weglaufen ... Wer mit einem Kleinkind unterwegs ist, muss daher stets aufpassen.

Das richtige Verhalten von Anfang an lernen

✓ **Augen auf:** Kinder müssen lernen, dass es auf der Straße gefährlich sein kann. Für Eltern heißt das achtsam zu sein, denn ein Kleinkind kann überhaupt nicht einschätzen, was riskant ist.

✓ **Zu müde:** Wenn das Kind nicht geschoben werden mag, aber lange Wege nicht schafft, sind Tragehilfen oder -tücher gut.

✓ **An die Hand:** Nehmen Sie Ihr Kind immer an die Hand. Erst recht, wenn Sie Straßen überqueren. Halten Sie am Bordstein an und erklären Sie ihm, dass Sie zunächst nach links und dann nach rechts gucken. Kommt kein Auto? Kein Rad? Behalten Sie das Kind auch auf dem Gehweg immer ganz eng bei sich. Auf der »Straßenseite« sollten Sie gehen, das Kind an der »Häuserseite«.

✓ **Vorbild sein:** Kinder ahmen nach. Darum unbedingt selbst nur bei Grün über die Straße gehen, keine Abkürzungen hinter parkenden Autos nehmen und bei Ausfahrten betont langsam gehen.

Auf dem Rad

✓ Kinder dürfen auf Fahrrädern nur auf speziellen Kindersitzen mitgenommen werden. Niemals das Kind auf dem Gepäckträger transportieren oder auf dem Rücken in einer Kindertrage!

✓ Auch Beifahrer brauchen auf dem Rad einen Helm – Sturzgefahr!

✓ Spezielle Fahrradanhänger oder Räder mit Transporteinheit sind nicht günstig, aber gerade mit mehreren Kindern sehr praktisch.

AUF DEM SPIELPLATZ

Im Laufe des zweiten Lebensjahres werden Spielplätze richtig spannend. Dort gibt es viel zu erleben und zu erforschen.

Den richtigen Spielplatz finden

✓ Die besten Tipps für gute Spielplätze haben Eltern aus der Nachbarschaft. Auch Stadtpläne helfen. Die Website **www.spielplatztreff.de** (auch als App) hat ebenfalls gute Hinweise.

✓ Erkunden Sie die Spielplätze in der Umgebung am besten gemeinsam als Familie.

✓ Wie ist der Spielplatz ausgestattet? Wie sauber ist er? Gibt es Schattenplätze und sanitäre Einrichtungen?

✓ Ist der Platz auch für die Kleinsten geeignet – mit Sandkiste, niedrigen Rutschen und Spielhäuschen?

✓ Wichtig ist, dass sich alle wohlfühlen. Wer ist noch so auf dem Spielplatz? Gibt es gleichaltrige Spielpartner, andere nette Eltern? Auch für die Großen ist ein Spielplatz ein idealer Treffpunkt, um neue Freundschaften zu schließen und sich auszutauschen.

Grundausstattung

✓ Eher kühles Wetter? Eine Regenhose hält Ihr Kind beim Buddeln trotzdem warm.

✓ Sonnig? Sonnenhut und -creme nicht vergessen!

✓ Ein paar Snacks einpacken.

✓ Trinkflasche ist wichtig!

✓ Zum Spielen reichen Eimer, Schaufel und ein bis zwei Sandformen. Am besten mit Namen beschriften, weil die Sachen oft untereinander vertauscht werden.

KINDERKURSE

Ob Krabbelgruppe oder Förderkurse – Eltern möchten das Beste für ihr Kind. Dazu gehören auch erste Freunde …

Den richtigen Kurs finden

✓ **Wohin geht es?** Der Inhalt der Kurse interessiert die Kleinen wenig, sie lieben einfach den Kontakt zu Gleichaltrigen. Und auch den Großen tut der Austausch mit anderen Eltern gut. Lokale Adressen finden Sie unter **www.elternleben.de**.

✓ **Auf das eigene Bauchgefühl hören:** Wie gut passt der Termin zum Tagesrhythmus Ihres Kindes? Wie ist die Atmosphäre unter den Eltern? Sind Mütter und Väter dabei, die Sie sympathisch finden?

✓ **Gruppengröße:** Kinder sind sehr unterschiedlich. Einige fühlen sich in der Gruppe wohl, anderen reichen zwei, drei Spielkameraden.

✓ **Schwimmen:** Viele Bäder bieten spezielle Kurse zur Wassergewöhnung an. Aber nicht jedes Kind mag das. Gibt es in Ihrer Familie Allergien, müssen Sie zudem klären, ob Ihr Kind Chlor verträgt.

✓ **Alltag ist die beste Förderung:** Ihr Kind möchte überall dabei sein. Beim Essen-Zubereiten, Einkaufen, Putzen … Lassen Sie es helfen.

✓ **Autsch:** Ihre Kraft können Kinder noch nicht einschätzen. An-den-Haaren-Ziehen, Beißen oder Kratzen sind nicht böse gemeint. Bei Streit müssen Sie eingreifen, denn noch können die Kleinen Konflikte nicht lösen. Aber im regelmäßigen Miteinander lernen sie das.

✓ **Meins:** Teilen passt noch nicht in das Konzept von Einjährigen. Das Spielzeug der anderen ist zwar toll, doch das eigene mögen sie oft nicht abgeben. Auch hier ist Hilfe der Eltern nötig.

✓ **Volles Programm:** Von einer Gruppe zur nächsten hetzen? Warum? Auch Langeweile und ruhige Zeiten sind für Eltern und Kind wichtig.

GROSSELTERN

Oma und Opa können eine sehr innige Beziehung zu ihren Enkeln haben und im Alltag oft eine Hilfe sein.

Oma und Opa sind die Besten

✓ **Mehr Zeit und Gelassenheit:** Mehr Süßigkeiten und viel lauten Krach machen dürfen? Mit Oma und Opa backen und stundenlang den Wald erforschen? Kleine Kinder lieben es, dass Großeltern weniger gehetzt sind und andere Grenzen setzen.

✓ **Mein Haus, meine Regeln?** Das sollten Eltern so nicht gelten lassen, sonst sind Konflikte vorprogrammiert. Besprechen Sie mit Ihren Eltern und Schwiegereltern Erwartungen und Wünsche. Ein kleiner Keks mehr ist sicher kein Thema. Mischen sich die Großeltern jedoch zu sehr in die Erziehung ein, muss das angesprochen werden.

✓ **Erwartungen ansprechen:** Werden Großeltern fest für die Betreuung eingeplant, dürfen sie auch selbst um Unterstützung bitten. Wichtig ist der offene Austausch.

✓ **Nicht vergleichen:** Auch Eltern sind Kinder – und manchmal ist es befremdlich, wenn die eigenen Eltern, die vielleicht früher streng waren, heute gelassen und lockerer sind. Aber das hat oft gute Gründe: Enkelkinder fahren auch wieder weg, Konsequenz ist daher oft nicht so wichtig. Und: Auch die eigenen Eltern mussten früher Alltag mit Job und Kind regeln. Das ist jetzt anders.

✓ **Nähe schaffen:** Wer selbst einen guten Kontakt zu den eigenen Eltern hat, kann leichter sagen: »Wir sind eine Familie und Oma und Opa haben wir lieb – auch wenn sie woanders wohnen.«

LOSLASSEN LERNEN

Die Elternzeit geht zu Ende – und sosehr man sich auch auf das Wiedersehen mit den Kollegen freut, bedeutet es doch auch ein wenig Abschied nehmen ...

Loslassen für die Großen

✓ **Planung:** Rechtzeitig planen, wie das Kind betreut wird. Achten Sie auf Ihr eigenes Bauchgefühl. Fühlen Sie sich mit der Lösung wohl?

✓ **Vertrauen:** Ohne Vertrauen funktioniert es nicht – in die Tagesmutter oder die Erzieherin, in das andere Elternteil und natürlich auch in das Kind, das jetzt schon ein bisschen flügge wird.

✓ **Bewusste Entscheidung:** Es ist wichtig, dass Sie sich mit der Entscheidung, das Kind betreuen zu lassen, wohlfühlen. Kleinkinder haben feine Antennen und spüren, wenn die Eltern noch nicht so weit sind. Dann fällt die Trennung allen schwerer.

✓ **Trennungsschmerz:** Die Trennung fällt schwer, und das ist normal. Was hilft, ist, die Erzieherin oder Tagesmutter als eine Bereicherung zu sehen und nicht als Ersatz für sich selbst.

✓ **Erste Auszeiten:** Am besten schon vor dem Start in der Krippe oder bei der Tagesmutter ein paar Stunden ohne das Kind verbringen.

✓ **Ohne Druck:** Mit der Eingewöhnung vor dem Arbeitsbeginn starten, so bleibt Zeit, sich an den neuen Lebensabschnitt zu gewöhnen.

✓ **Enttäuschung:** Auch wenn es Ihnen selbst noch schwerfällt, sollten Sie nicht erwarten, dass Ihr Kind Sie überschwänglich begrüßt. Freuen Sie sich: Das zeigt, dass es sich wohlfühlt.

✓ **Zeit für uns:** Gerade wenn der Alltag sich verändert, sind gemeinsame Rituale schön und wichtig – auch für Mama und Papa. Etwa das gemeinsame Morgenkuscheln oder das Ins-Bett-Bringen.

Eingewöhnung für das Kind

✓ Üben Sie das Loslassen. Ideal sind erst einige Stunden in der Woche bei den Großeltern oder bei einer Tagesmutter. Teilzeitplätze in Krippen sind selten. Zwei feste Tage in der Woche mit zwei bis drei Stunden sorgen für einen sanfteren Übergang.

✓ Nutzen Sie »Schnupperangebote« der Kita. In manchen Einrichtungen gibt es Kennenlerngruppen oder wenigstens die Möglichkeit, einen Tag »zur Probe« mitzumachen. Hat Ihr Kind schon mal die Räumlichkeiten, die Erzieherinnen, die Pflegerinnen und ein paar andere Kinder kennengelernt, fällt der Anfang leichter.

✓ Kita oder Tagesmutter sollten eine Eingewöhnungsphase haben, so gewöhnt sich das Kind langsam an die neue Situation. Zuerst gemeinsam mit einem Elternteil, dann mit dem Elternteil in einem anderen Raum, dann eine Weile wirklich allein.

✓ Zeit ist wichtig. Bringen Sie Ihr Kind nicht unter Zeitdruck in die Einrichtung. Lieber einen Zeitpuffer einplanen und etwas früher von zu Hause losgehen oder losfahren. So verringert sich der Druck.

✓ Hausschuhe an – und dann? Ein Kuss für Mama und ein Winken am Fenster? Den meisten Kindern hilft eine schnelle Verabschiedung mehr als lange Rituale – auch wenn dies für Eltern nicht einfach ist.

✓ Überlegen Sie sich auch fürs Abholen ein Begrüßungsritual. Begrüßen Sie vor allen anderen Ihr Kind, nicht die anderen Erwachsenen. Gespräche mit der Erzieherin sollten einen Extratermin bekommen. Jetzt möchte Ihr Kind Ihre volle Aufmerksamkeit.

DIE PASSENDE KITA

Wer arbeiten will oder muss, braucht eine Betreuung für sein Kind. Aber wie findet man die richtige Kita?

Fragen zur Kinderkrippe

- ✓ Wie viele Stunden soll das Kind betreut werden?
- ✓ Welche Einrichtungen sind gut zu erreichen – und passen die Betreuungszeiten zu Ihrem Bedarf?
- ✓ Gefällt Ihnen das pädagogische Konzept? Egal ob Montessori, Waldkindergarten oder christlich geprägt: Sie müssen sich wohlfühlen.
- ✓ Wie groß ist die Kindergruppe? Wie viele Erzieherinnen gibt es?
- ✓ Wie wird die Eingewöhnung gestaltet?
- ✓ Wie ist der normale Tagesablauf? Gibt es Essen? Ruhezeiten?
- ✓ Wie wichtig sind in der Einrichtung Strukturen und Rituale?
- ✓ Wie sind die Räumlichkeiten? Ist ausreichend Platz vorhanden? Wie ist die Atmosphäre?
- ✓ Gibt es Rückzugsmöglichkeiten für die Kleinsten?
- ✓ Hat die Kita einen Außenbereich? Was ist dort geboten?
- ✓ Wie sind Frühstück und Mittagessen geregelt? Sind die Mahlzeiten ausgewogen und kindgerecht? Muss man Frühstück mitbringen?
- ✓ Wie bringen sich die Eltern ein? Gibt es feste Dienste?
- ✓ Wie werden Eltern über ihre Kinder informiert? Gibt es feste Elterngespräche? Elternabende?
- ✓ Was kostet die Betreuung? Übernimmt die Gemeinde einen Anteil oder sogar die gesamten Kosten?

ALTERNATIVEN ZUR KITA

Wer hilft, wenn das Kind nur wenige Stunden betreut werden soll oder Sie individuelle Betreuungszeiten benötigen?

Großeltern

- ✓ **Vorteil:** Enge Bindung in der Familie, viel Liebe. Keine Kosten.
- ✓ **Nachteil:** Keine anderen Kinder, eventuelle Konflikte, auf täglicher Basis häufig schwierig.
- ✓ **Wichtig:** Besprechen Sie Erwartungen und Wünsche.

Tagesmutter

- ✓ **Vorteil:** Kleine familiäre Gruppe, Betreuung im kleinen häuslichen Rahmen, Spielpartner.
- ✓ **Nachteil:** Oft keine Vertretung im Krankheitsfall.
- ✓ **Wichtig:** Erkundigen Sie sich nach Ausbildung und Qualifikation und vereinbaren Sie eine Probezeit. Kosten: Im Schnitt 5 Euro pro Stunde, teils vom Jugendamt bezuschusst.

Au-pair

- ✓ **Vorteil:** Flexible Betreuung zu Hause, bis zu 30 Stunden pro Woche.
- ✓ **Nachteil:** Großes Haus/große Wohnung mit Extrazimmer nötig, hohe Kosten (rund 800 Euro im Monat für Taschengeld und Sprachkurs – plus Verpflegung), nach einem Jahr Wechsel der Bezugsperson.
- ✓ **Wichtig:** Suchen Sie über eine seriöse Agentur; dort hilft man Ihnen auch, wenn es Schwierigkeiten geben sollte.

GESUNDHEIT UND ENTWICKLUNG

LAUFEN LERNEN

Und, hat es schon die ersten Schritte gemacht? Diese Frage hört man als Eltern ab dem ersten Geburtstag sehr oft. Aber jedes Kind hat sein ganz persönliches Tempo.

Auf eigenen Füßen stehen und laufen

- ✓ **Hoch hinaus:** Oben ist alles spannender! Und so versuchen sich Kinder ab etwa zehn Monaten festzuhalten und hochzuziehen.
- ✓ **Möbelläufer:** Funktioniert das Stehen, übt sich das Kind in der Beinarbeit und hangelt sich mit ersten Schritten am Sofa entlang.
- ✓ **Ein kleiner Schritt:** Der erste freie Schritt wird oft zu Mama oder Papa hin gemacht. Ihr Kind dreht den Kopf, verlagert so das Gewicht und tapst vom Sofa in Ihre Arme.
- ✓ **Übung macht den Meister:** Vom ersten Schritt bis zum Richtig-laufen-Können dauert es oft noch. Gewicht verlagern, ausbalancieren, Schwung holen – das erfordert ganz schön viel Übung.
- ✓ **Was Ihr Kind braucht:** Ausreichend Platz zum Üben – möglichst auf festem, nicht rutschigem Boden. In der Wohnung sind nackte Füße oder Anti-Rutsch-Socken am besten.

Läuft mein Kind falsch oder zu spät?

✓ Jedes Kind hat sein eigenes Tempo. Manche stehen und laufen schon sehr früh, andere beobachten erst und lassen sich Zeit. Zwischen 11 und 18 Monaten lernt aber fast jedes Kind laufen. Wenn Sie das Gefühl haben, dass Ihr Schatz ein Problem haben könnte, sollten Sie den Kinderarzt befragen.

✓ Einige Kinder haben zunächst einen eher schwankenden »Seemannsgang« mit leichten O-Beinen, andere haben so lange schon an Möbeln geübt, dass sie recht schnell sicher laufen können.

✓ Oft ist das Tempo rasant. Kleinkinder gehen nicht, sie laufen. Auf keinen Fall sollten Sie unterschätzen, wie flink Ihr Kind sein kann, wenn Sie unterwegs sind.

Die ersten Schuhe

✓ **Ausmessen:** Stellen Sie vor dem Schuhkauf Ihr Kind auf einen Pappkarton und zeichnen Sie die Umrisse seiner Füße nach. Von der Ferse bis nach vorne messen. Tipp: den Umriss ausschneiden und mit in den Laden nehmen.

✓ **Schuhgröße:** Damit Schuhe richtig passen, sollten sie mindestens 12, maximal 17 Millimeter länger sein als der Fuß, sonst kann Ihr Kind beim Laufen seinen Fuß nicht optimal abrollen. Neben der Länge ist aber auch die Weite des Fußes wichtig.

✓ **Der richtige Schuh:** Wählen Sie Schuhe mit einer flexiblen, leichten und rutschfesten Sohle. Guter Halt und atmungsaktives Material sind für Laufanfänger wichtig.

✓ **Austesten:** Lassen Sie Ihr Kind die Schuhe anprobieren und beobachten Sie, ob es darin gut laufen kann.

✓ **Nicht auf Vorrat kaufen:** Bei Ein-bis Dreijährigen wachsen die Füße im Schnitt 1,5 Millimeter pro Monat. Schuhgröße häufiger checken.

DIE ERSTEN WORTE

Ab wann sprechen Kinder überhaupt und wie unterstützen Eltern sie dabei am besten?

Wie funktioniert das Sprechenlernen?

✓ Ab der Geburt beschäftigt sich das Baby mit Sprache, hört Laute und die einzelnen Bestandteile der Unterhaltung seiner Eltern.

✓ Die Sprachentwicklung ist sehr unterschiedlich. Kinder verstehen Sprache zum Beispiel viel früher, als sie sie selbst anwenden. Sie üben aber schon erste Geräusche, testen den Klang ihrer Stimme und formen Laute.

✓ Babys teilen sich zunächst ohne Worte mit – sie lächeln oder zeigen Unmut durch Mimik oder indem sie weinen.

✓ Ab dem sechsten Monat kann ein Baby bewusst Laute formen, erst dann ist die Zunge beweglich genug. Mit Gesten kann es nun auch Wünsche mitteilen, etwa indem es auf Gegenstände zeigt.

✓ Das erste Wort kommt meist zwischen dem siebten und dem zwölften Monat – am häufigsten ist es »Mama«. Das Kind spürt, dass die Mutter auf diese zwei Silben reagiert. Ab dann kommen jeden Tag neue Wörter hinzu, wie »da«, »Papa«, »ham«, »Arm«.

✓ Die meisten Kinder verstehen bis zum 18. Lebensmonat etwa 80 bis 100 Wörter. Im Laufe des zweiten Lebensjahres lernen sie täglich fünf bis sechs neue Wörter.

✓ In diesem Lebensjahr beginnen Kinder Zwei- und Drei-Wort-Sätze und teilen sich immer mehr mit. Sie lernen, Fragen zu stellen (»Is' das?«), entdecken das Wort »nein«, können kleine Geschichten verstehen und einfache Anweisungen (»Gib mir den roten Stift«).

So können Sie Ihr Kind beim Sprechenlernen unterstützen

✓ Vermeiden Sie »Babysprache« wie »Heia« oder »Wau wau«.

✓ Sprechen Sie klar und deutlich, langsam und verständlich.

✓ Stärken Sie positiv. Wird etwas falsch ausgesprochen, nicht verbessern, sondern in der richtigen Version antworten. Sagt das Kleine zum Beispiel: »Puppe holt!«, lautet die Antwort: »Ja prima, du hast die Puppe geholt.«

✓ Zeigen Sie, dass Sie Ihr Kind verstehen, denn so merkt es, dass es wirklich etwas mitteilen kann.

✓ Begleiten Sie Ihre Alltagshandlungen durch Sprache. Erklären Sie, was Sie tun.

✓ Wecken Sie Spaß und Interesse an Sprache durch Sprachspiele wie »Hoppe, hoppe, Reiter« und Lieder.

✓ Gemeinsam Bücher angucken und dort Dinge entdecken regt Gespräche an und macht Spaß.

INFO

Wenn das Kind schlecht hört

Auch wenn bei den Vorsorgeuntersuchungen von Neugeborenen ein Hörscreening gemacht wird: Hörprobleme können sich auch erst im ersten Lebensjahr entwickeln. Reagiert Ihr Kind auffällig oft nicht auf Geräusche, stimmt vielleicht etwas nicht. Ein Besuch beim Kinderarzt oder beim HNO-Arzt verschafft Klarheit. Sollte tatsächlich eine Schwerhörigkeit vorliegen, gibt es viele Möglichkeiten zu helfen und Verzögerungen in der Sprachentwicklung wieder aufzuholen. Infos über schwerhörige und gehörlose Kinder finden Sie unter **www.gehoerlosekinder.de**.

ZAHNPFLEGE

Keine Frage, die Zähne zu bekommen war nicht einfach. Umso mehr müssen sie von nun an gut gepflegt werden.

Rund um die ersten Zähnchen

✓ **Tägliches Zahnritual:** Milchzähne beeinflussen die Entwicklung der Kiefer und die Stellung der bleibenden Zähne. Ab etwa einem Jahr sollten sie zweimal am Tag geputzt werden – morgens und abends.

✓ **Gabe von Fluorid:** Hier sind sich Kinder- und Zahnärzte oft uneins. Zahnärzte plädieren für Kinderzahnpasta mit Fluorid statt Tabletten.

✓ **Putzige Eltern:** Kleinkinder möchten zwar gern selbst schrubben – Eltern müssen aber noch ordentlich nachputzen.

✓ **KAI-Regel:** Erst die **K**auflächen, dann die **A**ußenflächen und zuletzt die **I**nnenflächen. Das ist besonders zahnfleischschonend.

✓ **Erster Zahnarztbesuch:** Der erste Termin zum Kennenlernen hat noch Zeit. Er ist erst mit zwei bis drei Jahren angesagt.

TIPP

Putzen mit dem Zoo-Trick
Kaufläche, Außenfläche, Innenfläche – da darf das Kind helfen. Beim »K« ist es ein Krokodil mit weit geöffnetem Maul (die Eltern bewundern die Zahnpracht und putzen die Kaufläche). Beim »A« ist es ein Tiger, der mit zusammengebissenen Zähnen faucht (und dem die Außenfläche kreisförmig geputzt wird). Beim »I« gähnt die Giraffe und macht dabei einen so langen Hals, dass Mama und Papa prima die Innenfläche putzen können.

HAUSTIERE UND KINDER

... sind oft eine gute Kombination. Die Kleinen lernen den verantwortungsvollen Umgang mit anderen Lebewesen und bauen Ängste ab. Es gibt dabei aber einiges zu beachten.

Ein paar tierische Regeln

✓ Lassen Sie Tiere und Kinder niemals unbeaufsichtigt zusammen allein. Es kann leicht zu Verletzungen kommen, weil das Tier plötzlich Angst bekommt und zuschnappt oder kratzt.

✓ Tiere haben im (Kinder-)Bett nichts verloren.

✓ Sorgen Sie dafür, dass Ihr Haustier einen eigenen Platz bekommt. Zieht sich das Tier dorthin zurück, darf es von niemandem gestört werden. Das sollten schon die Kleinsten lernen und akzeptieren.

✓ Übergeben Sie Ihrem Kind schon jetzt Verantwortung für das Haustier. Füttern Sie es gemeinsam, säubern Sie zusammen den Käfig. Kinder wollen, dass es dem Tier gut geht, und lernen viel dabei.

✓ Trainieren Sie das Händewaschen nach jedem Kontakt mit dem Tier.

✓ Kinder, die viel Zeit mit Haustieren verbringen, leiden statistisch gesehen seltener an Allergien und Asthma. Nur wenn in der Familie Allergien auf Tierhaare bekannt sind, sollte man mit der Anschaffung eines neuen Haustiers warten, bis das Kind alt genug ist für einen Allergietest.

✓ Welches Haustier für welches Alter? Katzen und Hunde: ab dem Kleinkindalter, unter Beaufsichtigung; Nagetiere (Meerschweinchen, Kaninchen, Hamster): ab 6 Jahren; Fische: ab 8 Jahren; Vögel: ab 9 Jahren; Reptilien: ab 12 Jahren.

DISTANZ UND NÄHE

Die Kinder beginnen, erstmals ihre Unabhängigkeit von den Eltern zu entdecken. Das kann schmerzhaft sein, bietet aber auch Chancen, das Familienleben neu zu gestalten.

Plötzlich abgelehnt?

- ✓ Kinder möchten manchmal mehr oder weniger deutlich unabhängig von Mama und Papa werden. Das ist ein normaler Entwicklungsschritt und bedeutet nicht, dass Sie etwas falsch gemacht haben.
- ✓ Kinder, die ihre Mutter phasenweise heftig ablehnen und nur noch Hilfe vom Vater annehmen, sind in der Regel gut und sicher gebunden. Das ist ein gutes Zeichen.
- ✓ Lassen Sie Ihr Kind nicht die Enttäuschung darüber spüren, dass Ihr Partner offenkundig leichteres Spiel mit dem Nachwuchs hat.
- ✓ Es ist vollkommen normal, dass Kinder ihren Willen lautstark kommunizieren. Achten Sie darauf, dass Sie selbst aber nicht Ihre Stimme erheben. Ein Schreiduell hilft nicht weiter.
- ✓ Wechselbad der Gefühle: Zwischen Klammern und ständiger Nähe bis hin zu absoluter Ablehnung zeigen Kinder oft die ganze Bandbreite. Das ist kräftezehrend, aber normal.

Mütterliche Gefühle

- ✓ Wenn sich eine so enge Zweierbeziehung wie Ihre nun etwas löst, ist das weder für Sie noch für Ihr Kind einfach. Geben Sie sich Zeit, sich daran zu gewöhnen.

✓ Gerade das Elternteil, das mehr beim Kind ist, ist weniger spannend. Nimmt der Vater Papamonate und die Mutter beginnt wieder zu arbeiten, findet auch für das Kind ein Rollenwechsel statt. Die Freude, Mama zu sehen, ist nun riesig.

Zurück ins Fremdelalter

✓ Während manche Kinder jetzt deutlich zeigen, dass sie Dinge auch ohne Mama können, klammern sich andere plötzlich wieder ganz fest an ihre Bezugsperson und wollen keine Sekunde ohne sie sein.

✓ Gerade wenn große Veränderungen wie der Eintritt in die Kita oder ein Umzug bevorstehen, Mama wieder arbeiten geht oder sich ein Geschwisterchen ankündigt, reagieren Kinder besonders sensibel und ziehen sich ins Bekannte zurück.

✓ Wenn Ihr Kind Ihre Nähe braucht, sollten Sie es unterstützen und ihm die Geborgenheit geben, nach der es verlangt.

✓ Zwingen Sie Ihr Kind nicht dazu, bei anderen Personen auf dem Schoß zu sitzen oder mit ihnen zu spielen. Sie erzeugen nur mehr Unsicherheit und bestärken das Fremdelverhalten.

WICHTIG

Unmut in der Partnerschaft aussprechen
Fühlt sich ein Elternteil abgelehnt oder ist er unzufrieden mit den Rollen, muss das offen angesprochen werden. Ist die Mama am Wochenende zum Beispiel allein für den Einkauf und das Putzen zuständig, während Papa tolle Ausflüge macht, führt das zu Unzufriedenheit und Konflikten – auch in der Paarbeziehung. Teilen Sie daher Aufgaben (neu) auf.

GRENZEN SETZEN

Die Bedürfnisse anderer Menschen oder auch die eigenen wahrzunehmen, ist ziemlich schwer. Kinder lernen das nur, wenn ihnen Grenzen gezeigt werden.

Familienregeln

✓ Gute Regeln sollten gute Gründe haben. Die Schuhe vor der Tür ausziehen ist sinnvoll, damit Schmutz draußen bleibt. Essen gehört nicht ins Kinderzimmer. Lieber wenige, dafür klare Regeln.

✓ Wichtig ist, dass sich die Eltern einig sind – sonst sind Familienkonflikte vorprogrammiert. Außerdem weiß das Kind nicht, wie es sich verhalten soll, wenn ein Elternteil Ja, das andere Nein sagt.

✓ Aus diesem Grund sollten Sie einmal aufgestellte Regeln auch nicht ständig aufweichen. Ab und zu mal eine Ausnahme ist okay, zum Beispiel Schokolade bei der Oma. Aber wenn Regeln zu schwammig sind, verwirren sie das Kind.

Fragen, die helfen, Grenzen festzulegen

✓ **Ist es lebensbedrohlich?** Alles, was gefährlich ist, ist tabu. Das Kind darf zum Beispiel nicht in die Steckdose greifen und nicht auf die Balkonbrüstung klettern oder Ähnliches. Kleine Risiken gehören aber zum Leben.

✓ **Darf es kaputtgehen?** Papas Brille, Omas Lieblingsporzellan – das gehört nicht in kleine Hände. Deponieren Sie wertvolle Dinge außer Griffweite, damit Sie nicht ständig Nein sagen müssen.

✓ **Verletzt das andere?** Ein anderes Kind darf nicht gebissen, die Mama nicht an den Haaren gezogen werden. Auch Rücksicht auf andere muss Ihr Kind lernen.

✓ **Komme ich selbst mit dem Nein klar?** Manche Verbote erweisen sich mit der Zeit als unpraktisch. Das Kind soll nur am Tisch essen, aber eigentlich mögen die Eltern selbst gern mal vor dem Fernseher eine Stulle verspeisen? Dann muss die Regel überdacht werden.

Nein – ein wichtiges Wort

✓ Nein muss nicht gebrüllt werden. Eine klare und ernst gemeinte Ansage reicht.

✓ Nein fällt oft schwer, weil es so viel bequemer ist, dem Nörgeln nachzugeben.

✓ Nein ist die schwierigste und deshalb die liebevollste Antwort, weil sie Umsicht, Engagement, Ehrlichkeit und Mut erfordert – das erklärt auch der Erziehungsexperte Jesper Juul.

✓ Wer überzeugt Nein sagt, kann auch überzeugend Ja sagen.

OFT GEFRAGT

Gelten Regeln wirklich für immer?
Ihr Kind wird die Grenzen austesten. Immer wieder. Denn genau daran wächst es. Passen Sie daher einiges immer wieder altersgerecht an. Ein Einjähriger darf nur im Wagen oder an der Hand im Supermarkt sein, ein Zweijähriger kann schon erste Dinge selbstständig aus dem Regal reichen. Es ist auch ganz normal, dass Regeln, die bisher gut funktioniert haben, irgendwann nicht mehr passen. Gerade wenn es Änderungen in der Familie gibt (beispielsweise neue Arbeitszeiten, ein weiteres Kind, ein Umzug), sind Anpassungen nötig, damit sich alle wohlfühlen.

MATSCH, DRECK UND CO.

Kinder dürfen sich schmutzig machen – und es ist auch kein Weltuntergang, wenn sie mal etwas Erde essen.

- -

Glückliche Dreckspatzen

- -

✓ **Dreck gehört dazu:** Lassen Sie Ihr Kind mit Dreck und Schmutz experimentieren und halten Sie die Feuchttücher für den Heimweg bereit. Kinder brauchen die sinnliche Erfahrung, im Matsch zu wühlen, weil sie so ihre Umwelt begreifen lernen.

✓ **Köstliche Kuchen:** Im Sandkasten wird gebacken, und dabei wandert eine Portion in den Mund? Nicht gleich hysterisch werden. Von etwas Sand bekommt keiner ernste gesundheitliche Probleme.

✓ **Bedürfnisse spüren:** Nach einer Runde Pfützenhüpfen oder »Kochen« in der Matschküche ist ein guter Zeitpunkt, über Bedürfnisse zu sprechen. »Ist dir kalt?«, »Hast du Hunger?«: Ihr Kind kann spüren, was es wahrnimmt, und selbstständig mitentscheiden.

✓ **Wasserspiele:** Patschen in Regenpfützen sollte ebenfalls erlaubt sein. Daraus zu trinken allerdings ist gefährlich und daher tabu.

INFO

Kinder brauchen Natur
Im Sommer mit bloßen Füßen übers Gras laufen, Sand und Kiesel zwischen den Zehen spüren und Blütenblätter berühren? Eine Schneeflocke in der Hand schmelzen lassen? Kinder sollten sinnliche Erfahrungen in der Natur machen. Der Naturschutzbund (**www.nabu.de**) gibt viele Informationen und bietet verschiedene Aktionen für kleine Entdecker an.

DIE HAUSAPOTHEKE

Bewahren Sie die Hausapotheke unbedingt unzugänglich für Ihr Kind auf und kontrollieren Sie die Bestände regelmäßig.

Grundausstattung

- ✓ Pflaster und Pflasterrolle
- ✓ Sterile Wundschnellverbände in verschiedenen Größen
- ✓ Einmalhandschuhe
- ✓ Digitales Fieberthermometer
- ✓ Pinzette
- ✓ Zeckenkarte
- ✓ Mullbinden, Brandwundauflage und Dreieckstuch
- ✓ Kühlkompresse (im Tiefkühler)
- ✓ Wärmflasche
- ✓ Zahn-Rettungsbox

Medikamente

- ✓ Fiebersenkende/schmerzstillende Zäpfchen oder Saft
- ✓ Wundspray zum Desinfizieren
- ✓ Wund- und Heilsalbe
- ✓ Zinkoxidsalbe gegen einen wunden Po
- ✓ Antihistamin-Gel gegen Sonnenbrand und Insektenstiche
- ✓ Arnikasalbe gegen Prellungen
- ✓ Bei Neigung zu Nesselsucht, Fieberkrämpfen oder Asthma: entsprechende Medizin

WICHTIG

Notrufnummern
Hängen Sie eine Liste mit Notrufnummern, dem ärztlichen Notdienst und der Giftnotrufzentrale sichtbar beim Telefon auf und programmieren Sie sie in Ihr Handy.

GUT ZU WISSEN – ORGANISATION UND MEHR

WIEDEREINSTIEG IN DEN JOB

Vor dem Neustart sollten Sie mit Ihrem Partner oder einer Freundin über Fragen der Berufstätigkeit nachdenken.

Die Kunst der berufstätigen Mutter

✓ Viele Frauen schätzen ihre Arbeit: Sieben von zehn sind laut Bundesamt für Statistik erwerbstätig. Außerdem kann kaum noch eine Familie nur von einem Einkommen leben. Aktive Väter, ein besseres Betreuungsnetz und flexible Arbeitgeber erleichtern berufstätigen Müttern den Alltag.

✓ Wie soll es beruflich nach der Geburt weitergehen? Das sollten Mütter schon in der Schwangerschaft überlegen und ihrem Arbeitgeber ihre Pläne mitteilen. Wer kümmert sich um das Kind, wenn es mal krank ist? Wie gelingt es trotz Job, Zeit als Familie zu genießen? Das alles muss gut geplant und abgesprochen werden.

✓ Nach der Elternzeit besteht nur das Recht auf einen gleichwertigen Arbeitsplatz, nicht auf den alten. In einigen Betrieben ist dies zwar kein Problem. In anderen aber wird es Müttern nach wie vor schwer gemacht zurückzukehren. Doch immer mehr Unternehmen denken um, da Familienfreundlichkeit zukunftsweisend ist.

Nachdenken über die Arbeit

✓ Wie lange waren Sie im Unternehmen tätig?

✓ Wie zufrieden waren Sie?

✓ Was hat Ihnen an Ihren Aufgaben besonders gefallen?

✓ Haben Sie in der Elternzeit Kontakt zu den Kollegen gehalten?

✓ Haben Sie weiter Rundschreiben erhalten, fühlen Sie sich gut informiert?

✓ Fühlen Sie sich im Unternehmen geschätzt?

✓ Werden Sie an Ihren alten Arbeitsplatz zurückkehren können?

✓ Gibt es von Arbeitgeberseite einen Plan für den Wiedereinstieg?

✓ Können oder wollen Sie Vollzeit arbeiten?

✓ Gibt es eine flexible Arbeitszeit oder Arbeitsumgebung?

✓ Können Sie auch im Homeoffice arbeiten?

✓ Wie genau stellen Sie sich Ihren Alltag vor?

✓ Welches Elternteil wird welche Aufgaben übernehmen?

✓ Wie ist die Kinderbetreuung geregelt?

> **WICHTIG**
>
> **Klärungsbedarf**
> Wenn Sie unzufrieden in Ihrem Job sind oder sich überhaupt noch nicht vorstellen können, das Kleine einige Stunden nicht zu sehen, sollten Sie über Alternativen nachdenken. Ist vielleicht ein Einstieg mit nur sehr wenigen Wochenstunden möglich? Wäre Selbstständigkeit eine Alternative? Können Sie Schichtdienste gegen Innendienste tauschen? Junge Mütter können eine Umschulung auch in Teilzeit machen. Informationen: **www.arbeitsagentur.de** oder **www.mamihelden.de.**

RECHT AUF TEILZEIT

Wiedereinstieg muss nicht gleich Vollzeittätigkeit bedeuten. Alle Eltern haben einen gesetzlichen Anspruch auf Teilzeit.

Vereinbarkeit von Beruf und Familie

✓ **Wunsch und Wirklichkeit:** Die meisten Eltern wünschen sich flexiblere Arbeitszeiten und möchten die Stunden reduzieren. Aber nur in fünf Prozent aller Familien arbeiten beide Eltern in Teilzeit.

✓ **Die passende Lösung finden:** Eltern sollten gut kalkulieren, wer wie viele Stunden arbeiten kann und möchte. Teilzeit kann 15, aber auch 30 Stunden bedeuten. Was ist finanziell am besten? Wie teuer ist die Kinderbetreuung? Gibt es Gleit- oder Homeoffice-Tage?

✓ **Chance der Teilzeit:** Schon in der Elternzeit können Mütter und Väter wieder verkürzt arbeiten, darauf besteht ein gesetzlicher Anspruch (§ 15 Abs. 4 Bundeselterngeld- und Elternzeitgesetz – BEEG). Viele Eltern nutzen das als Einstieg. Nach der Elternzeit können Mütter und Väter beim Wiedereinstieg eine Teilzeittätigkeit nach dem Teilzeit- und Befristigungsgesetz (TzBfG) beantragen.

✓ **Zustimmung:** Der Betrieb muss der Teilzeit zustimmen, wenn er mehr als 15 Arbeitnehmer beschäftigt oder keine betrieblichen Gründe dagegensprechen.

✓ **Teilzeitfalle:** Sie haben das Recht, auch mit einem Vollzeitvertrag auf eine Teilzeitstelle zurückzukehren – allerdings ohne rechtlichen Anspruch, die Arbeitszeit später wieder zu erhöhen. Aber: Hat ein Unternehmen einen Vollzeitarbeitsplatz zu besetzen, müssen teilzeitbeschäftigte Arbeitnehmer bevorzugt werden.

✓ **Reicht das Geld?** Das Bundesarbeitsministerum bietet unter **www.bmas.de** einen Teilzeit-Gehaltsrechner zum Herunterladen.

ANSPRUCH AUF EINEN KITA-PLATZ

Kinder ab einem Jahr haben einen Rechtsanspruch auf einen Betreuungsplatz. Doch wegen der großen Nachfrage läuft nicht immer alles so, wie man es sich wünscht.

Was bedeutet rechtlicher Anspruch?

✓ Jedes Kind ab einem Jahr hat laut § 24 SGBVIII einen Anspruch auf Förderung in einer Tagespflegeeinrichtung und Kindertagespflege – das hat der Gesetzgeber entschieden.

✓ Der Rechtsanspruch bedeutet nicht unbedingt einen Anspruch auf eine bestimmte Kindertagesstätte.

✓ Das Gesetz schreibt nicht vor, welche Entfernung zumutbar ist. Auch der zeitliche Umfang ist nicht vom Gesetzgeber geregelt.

Tipps für die Kita-Suche

✓ Erkundigen Sie sich beim Jugendamt nach der Vergabe der Plätze. Wird sie über die Behörden geregelt oder über freie Träger?

✓ Bewerben Sie sich frühzeitig beim Kita-Träger. Nach einer Zusage sollten Sie sofort den Vertrag unterschreiben.

✓ Dokumentieren Sie Absagen, das ist wichtig, falls ein Schadensersatz geltend gemacht werden muss.

✓ Gegen einen ablehnenden Bescheid können Sie Widerspruch einlegen, am besten mit anwaltlicher Unterstützung. Rat gibt es beispielsweise unter **www.juramama.de** oder **www.smart-mama.de**.

✓ Können Sie die Arbeit wegen mangelnder Betreuung nicht antreten, besteht wegen des Verdienstausfalls Anspruch auf Schadensersatz.

DAS KIND IST KRANK

Gerade im ersten Kita-Jahr sind Kinder oft krank. Das ist gut fürs Immunsystem, das auf diese Weise »übt« und stark wird. Aber es ist auch eine Belastung für berufstätige Eltern.

Bezahlte Freistellung

✓ **Rechtsanspruch:** Der Arbeitgeber ist nach § 616 BGB verpflichtet, Lohn zu zahlen, wenn der Arbeitnehmer – also Mutter oder Vater – »vorübergehend« durch »einen in seiner Person liegenden Grund« an der Arbeitsleistung verhindert ist. Dazu zählt die Pflege des Kindes. Einige Betriebe bieten weitere Leistungen im Arbeitsvertrag.

✓ **Voraussetzungen:** Ärztliches Attest, das die Notwendigkeit der Betreuung und der Pflege des Kindes bestätigt (wird vom Kinderarzt ausgestellt), bei Kindern bis zu 12 Jahren.

✓ **Dauer:** Je nach Arbeitsvertrag; bis zu fünf Arbeitstage gelten als »vorübergehend« und »verhältnismäßig nicht erhebliche Zeit«.

✓ **Finanzielle Leistung:** Der Arbeitgeber bezahlt nach Vertrag das Gehalt weiter.

✓ **Weitere Informationen:** Personalstelle des Arbeitgebers, Personalbeziehungsweise Betriebsrat.

Unbezahlte Freistellung

✓ **Rechtsanspruch:** Gesetzlich krankenversicherte Mütter und Väter haben Anspruch auf unbezahlte Freistellung von der Arbeit zur Betreuung und Pflege ihres kranken Kindes. Arbeitgeber dürfen diesen Anspruch nicht verbieten. Voraussetzungen: ärztliches Attest, bei Kindern bis zu 12 Jahren.

✓ **Dauer:** Pro Elternteil 10 Tage, bei mehreren Kindern bis zu 25 Tage – bei Alleinerziehenden sind es 20 beziehungsweise 50 Tage (bei mehreren Kindern).

✓ **Finanzielle Leistung:** Gesetzliche Krankenkassen zahlen Kinderkrankengeld. Dies entspricht 70 Prozent des Bruttoverdienstes. Sind beide Eltern privat versichert, besteht kein Anspruch. Ist nur einer privat versichert, kommt es darauf an, bei wem das Kind mitversichert ist. Weitere Informationen erhalten Sie bei Ihrer Krankenkasse.

✓ **Unbezahlter Urlaub:** Ist das Kind länger krank, ist eventuell auch dies möglich. Die Arbeitnehmervertretung kann hierzu Rat geben.

✓ **Wichtig:** Für Beamte gibt es Sonderregelungen.

Selbst für den Notfall planen

✓ **Das familiäre Netzwerk:** Großeltern, Onkel und Tanten – gut, wenn es Verwandtschaft vor Ort gibt. Treffen Sie aber klare Absprachen: Wie kurzfristig dürfen Sie um Hilfe bitten? Wie lange kann aufgepasst werden? Worauf sollte geachtet werden?

✓ **Hilfe durch andere Eltern:** Ein Notfallplan mit anderen Eltern – möglichst aus der Nachbarschaft – kann hilfreich sein. Ist Ihr Kind schon wieder gesund, braucht aber noch Ruhe, kann es auch so betreut werden. Nachteil: Bei akuten oder ansteckenden Krankheiten können andere Eltern nicht einspringen.

✓ **Professionelle Unterstützung:** In einigen Städten gibt es einen »Notmütterdienst«, ähnlich funktioniert das Prinzip der Notfallmamas, das in sieben Städten angeboten wird – unter anderem München, Berlin und Hamburg. Infos unter **www.notfallmamas.de**.

✓ **Haushaltshilfen:** In bestimmten Fällen übernimmt die Krankenkasse die Kosten für eine Haushaltshilfe, etwa wenn beide Eltern krank sind. Erkundigen Sie sich frühzeitig. Die Kassen arbeiten mit Organisationen vor Ort zusammen und suchen die Hilfe oft für Sie.

Sprechen, laufen, die Welt erkunden: Ihr Kind geht immer mutiger eigene Schritte. Das Leben mit ihm ist spannend, manchmal auch ziemlich herausfordernd. Vor allem wenn immer wieder die Worte »Alleine!« und »Warum?« fallen. Ganz klar, Ihr Kind entdeckt seinen eigenen Willen und die Welt um sich herum – jeden Tag ein wenig mehr ...

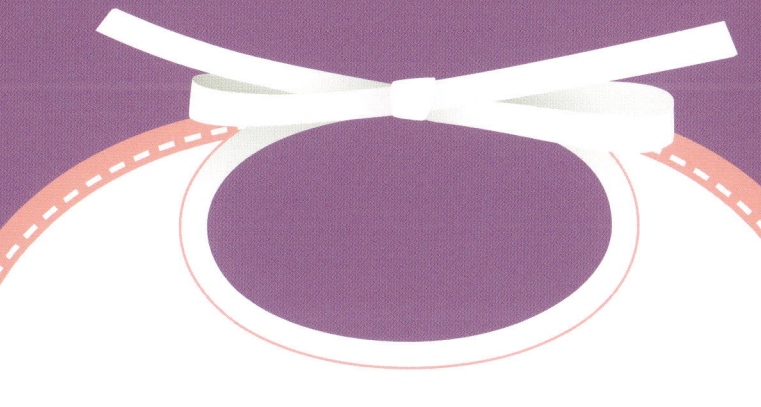

DAS DRITTE JAHR

ALLTAG MIT ZWEIJÄHRIGEM

IMMER SELBSTSTÄNDIGER

Ihr Kind möchte immer mehr selbst machen. Das ist oft anstrengend und kostet Nerven. Aber Übung macht den Meister.

Die Autonomie-Phase

✓ **Lebenslange Aufgabe:** Kinder müssen täglich lernen. Auch den Umgang mit Frustration. Sie möchten so vieles schon können, aber oft funktioniert das noch nicht. Das kann sie wütend machen.

✓ **Lehre mich, es selbst zu machen:** Immer und immer wieder üben – irgendwann klappt es. Unterstützen Sie Ihr Kind, wenn es etwas selbst machen möchte – selbstständig, in Ihrer Begleitung, aber nicht wirklich allein. Denn das würde ein Kleinkind überfordern.

✓ **Lob für die Mühe:** Gerade wenn Ihr Kind sich schwertut, ist es wichtig, es zu loben, wenn es etwas geschafft hat.

»Erst du, dann ich«
Kleiner Trick mit großer Wirkung: Erst darf das Kind alleine die Zähne putzen, dann putzen Sie noch mal nach. Das empfehlen auch Zahnärzte. Funktioniert genauso beim Kämmen, Haarewaschen oder Klettverschlüsseschließen. Manchmal …

Das kannst du prima ohne Hilfe

✓ **Machen lassen:** Zeit lassen, Vertrauen schenken und Mut machen – das gehört zu den wichtigsten Aufgaben von Eltern. Wenn es geht, lassen Sie Ihr Kind in seinem Tempo eigenständig werden.

✓ **Mitbestimmen:** Das rote oder das blaue T-Shirt? Apfel oder Banane? Ihr Kind darf mitbestimmen. Aber lassen Sie ihm nicht zu viel Auswahl, das überfordert es.

✓ **Aufgaben erledigen:** Vermutlich wird Ihr Kind nie wieder mit mehr Begeisterung im Haushalt mithelfen als jetzt. Aber: »Räum dein Zimmer auf«, das verstehen Zweijährige noch nicht. »Das Duplo in die Kiste legen, das Buch ins Regal stellen« ist konkreter.

✓ **Anziehen:** Socken, Hose, Unterhose – das klappt täglich besser. Wenn Ihr Kind lange braucht, aber keine Unterstützung will, planen Sie am Morgen einfach mehr Zeitpuffer ein.

✓ **Laufen:** Zweijährige können auch weitere Strecken schon gut laufen. Genauso aber bleiben sie bei Baustellen und anderen »Entdeckungen« gerne mal länger stehen. Planen Sie dafür extra Spaziergänge ein.

✓ **Körperpflege:** Selbst Hände waschen, Haare kämmen, sich eincremen oder in der Wanne einschäumen – das macht Spaß.

Dabei kann Ihr Kind schon helfen

✓ Tisch mit decken.

✓ Spülmaschine mit ausräumen.

✓ Mit dem Läppchen mit putzen.

✓ Beim Backen und Kochen Zutaten reichen, Mehl aus einer Tasse in eine Schüssel füllen, umrühren.

✓ Wäsche aufhängen oder die Wäscheklammern reichen.

✓ Bananen, reife Birnen und Ähnliches schneiden – mit einem nicht zu scharfen Messer.

✓ Im Garten mithelfen, Blumen gießen, etwas tragen.

KREATIVITÄT LERNEN

Basteln, malen und experimentieren hilft Kindern, die Welt zu begreifen, und schult spielerisch die Sinne.

Kleine Künstler

✓ Malen, kritzeln, kneten, schneiden, fühlen, fädeln, legen – das können schon die Jüngsten.

✓ Etwas mit verschiedenen Materialien zu gestalten schult die Hand-Auge-Koordination, stärkt das Selbstwertgefühl und weckt die Kreativität Ihres Kindes.

✓ Wirre Striche, ein paar Farbkleckse? Für ein Kind ist das ein Drache oder eine Fee. Zweijährige haben schon viele Ideen, können diese aber noch nicht umsetzen. Das lernen sie mit jedem Strich. Ausmalbilder oder Erwachsene, die vorzeichnen, wirken oft frustrierend.

✓ Wichtig: Je kleiner die Künstler, desto schadstofffreier sollten die Farben und Materialien sein. Giftarme Möglichkeiten: Knetmasse und Seifenblasen selbst herstellen, mit Maischips basteln …

✓ Auch das erste Üben mit der Schere macht jetzt Spaß (exakte Konturen schneiden dauert aber noch ein paar Jahre). Wichtig: Für Linkshänder eine Linkshänderschere besorgen.

> **TIPP**
>
> **Ein Blick ins World Wide Web**
> Im Internet gibt es viele Anregungen für Bastelprojekte mit Kleinkindern. Auf Pinterest die Stichwörter »basteln« und »Kleinkind« eingeben oder im Kreativblog **www.tollabea.de** witzige DIY-Ideen finden.

So macht Gestalten Spaß

✓ **Kreativkiste anlegen:** Buntstifte, Wachsmal- und Straßenkreide, Papier von der Rolle, Wasser- und Fingerfarben, verschiedene Papiere, Tonkarton, Schere, Klebestift, große Holzperlen, Woll- und Stoffreste, Zeitungspapier, Pappe – so viele Möglichkeiten!

✓ **Platz für Ideen:** Im Kinderzimmer eine Schranktür oder einen Teil der Wand mit Tafelfarbe anstreichen oder weißes Papier aufhängen. Hier darf gemalt werden.

✓ **Gute Ausstattung:** Bastelumgebung und kleine Künstler kleckersicher ausstatten: alte Hemden oder Schürze bereithalten, teppichfreie Zone wählen oder abwaschbare Unterlagen ausbreiten.

✓ **Im Tun versinken:** Nichts ist schöner und wertvoller, als viel Zeit für ein Bastel- oder Malprojekt zu haben. Ideal bei miesem Wetter.

✓ **Wertschätzung:** Ein wunderbares Werk muss gewürdigt werden. Schöne Bilder rahmen oder das Bild der Woche ausstellen. Tipp: Fotografieren Sie Bilder und Kunstwerke, das schluckt kaum Speicherplatz und ist eine schöne, platzsparende Erinnerung.

Kreativität ist noch viel mehr

✓ **Musik:** Gemeinsam herausfinden, wie Instrumente klingen, Kochtopfkonzerte geben, selbst ausgedachte Lieder singen. Tanzen.

✓ **Verkleiden:** Legen Sie eine Kiste an, die sich mit den Jahren füllt. Hinein kommen ein Hut, ein Halstuch, ein Rock, ein Umhang …

✓ **Bausteine:** Lego- oder Holzbausteine müssen nicht nach Vorgabe verbaut werden, sondern laden auch zum freien Bau ein.

✓ **Worte und Reime:** Lebhaftes Vorlesen, mal mit lauter, mal mit leiser Stimme oder nachgemachten Geräuschen begeistert den Nachwuchs und regt zu ersten Rollenspielen an.

BASTELSPASS

Draußen ist es ungemütlich? Ideales Wetter, um drinnen gemeinsam Kunstwerke zu schaffen. Hier ein paar konkrete Tipps für den Kreativspaß mit Kleinkindern.

So klappt Kunst mit Minis

✓ Kleinkinder haben eine kurze Aufmerksamkeitsspanne. Bastelprojekte sollten nicht mehr als 15 Minuten dauern.

✓ Beim Malen wird meist auch die eigene Kleidung »verschönert«. Am besten ein altes T-Shirt von Mama oder Papa oder einen speziellen Malkittel überziehen.

✓ Nicht unbeaufsichtigt lassen. Eifrige Zweijährige verzieren sonst auch begeistert Wände und Möbel oder experimentieren alleine mit der Schere.

✓ Vorsicht bei kleinen Teilen: Kinder in diesem Alter stecken Linsen, Knöpfe und Ähnliches gerne noch in den Mund. Erstickungsgefahr!

✓ Achten Sie bei Klebstoff auf die Zusammensetzung. Es gilt: Was bombenfest hält und schnell trocknet, ist oft sehr giftig. Kleine Kinder können gut mit Klebestiften arbeiten.

✓ Fingerfarben sind herrlich. Kinder können sie mit den Fingern spüren und lieben es, dicke Schichten aufzutragen. Besonders toll ist es, den ganzen Körper einzuschmieren – ein Kunst-Happening, das allerdings besser in die warme Jahreszeit und nach draußen verschoben werden sollte.

Bastelideen

✓ **Pappkameraden:** Ein Kreis, ein Baum oder ein Auto? Pappe zurechtschneiden, mit Kleber bestreichen und den Nachwuchs mit bunten Papierstücken, Knöpfen, Linsen oder Sand verzieren lassen.

✓ **Lichterwunder:** Bastelwachs in bunten Farben in kleine Stücke reißen und eine weiße Kerze damit »bekleben«.

✓ **Wackelspaß:** Eine leere Klopapierrolle oder einen Milchkarton bunt bemalen, Wackelaugen aufkleben – fertig ist ein witziges Monster.

✓ **Leinwandvergnügen:** Auf einem fertig bespannten Rahmen kann sich Ihr Kind mit dicken Stiften austoben, die sich mit Wasser vermalen lassen. Oder Sie spritzen zusammen viel Farbe auf die Leinwand und dann darf Ihr Kind mit einem Spielzeugauto darüberfahren.

Knete selbst herstellen

✓ Für salzige Weichknete brauchen Sie: 3 Becher Mehl, 1 Becher Salz, 2 Tüten Weinsteinbackpulver, 3 EL Pflanzenöl, 3 Becher Wasser und Speisefarben (Rot, Gelb, Blau, Grün).

✓ Alle Zutaten bis auf die Speisefarbe in einem Topf verrühren und auf dem Herd erwärmen (das Backpulver sorgt dafür, dass es spannend zischt). Weiterrühren, bis sich ein dicker Klumpen bildet.

✓ Wenn die Masse kalt ist, teilen Sie sie in vier Portionen. Jeweils eine Kugel formen, in die Mitte eine Mulde drücken und dort hinein die Speisefarbe träufeln. So lange kneten, bis sich die Farbe verteilt.

✓ Jetzt kann der Knetspaß beginnen: Ihr Kind kann den weichen Teig ausrollen und mit Plätzchenformen bearbeiten oder ihn einfach mit den Händen rollen, drücken und zerbröseln.

✓ In wiederverschließbaren Plastiktöpfchen aufbewahrt, hält die Knete recht lang. Wird sie krümelig, einfach neuen »Teig« herstellen.

DIE WELT ERKUNDEN

Für Kleinkinder ist die ganze Welt ein Abenteuerland. Lassen Sie sich von der Neugier und Begeisterung mitreißen.

Tipps für Expeditionen

✓ **Profiausstattung:** Eimer, Lupe, Becherlupe, Kescher, ein leeres Marmeladenglas mit Deckel und eine kleine Schaufel. Bei längeren Ausflügen Getränke und einen kleinen Snack nicht vergessen.

✓ **Perspektivwechsel:** Gehen Sie in ein kleines Waldstück oder in den Park und betrachten Sie gemeinsam alles ganz ausführlich. Krabbeln irgendwo Ameisen? Was passiert im Gras?

✓ **Genau betrachten:** Sammeln Sie Blätter und Pflanzen. Oder kleine Käfer, die Sie sogar vorsichtig auf der Hand krabbeln lassen. Das kitzelt und schult, wie vorsichtig man mit so kleinen Lebewesen umgehen sollte. Anschließend natürlich wieder freilassen.

✓ **Barfuß laufen:** Wie fühlt sich Gras unter den Fußsohlen an, wie Sand, wie Kies, Beton oder Rindenmulch?

✓ **Wasserspiele:** Sie können direkt am Wasserhahn, in der Wanne oder in einem kleinen Bassin auf dem Balkon oder im Garten stattfinden. Aber Vorsicht: Lassen Sie Ihr Kind bei Wasserabenteuern nie allein! Auch nicht für einen kurzen Moment.

✓ **Einen Baum adoptieren:** Suchen Sie gemeinsam einen Baum in der Nachbarschaft aus und geben Sie ihm einen Namen. Was für ein Baum ist das eigentlich? Wie fühlt sich seine Rinde an, wie eines der Blätter? Und wie verwandelt er sich im Lauf der Jahreszeiten?

✓ **Wo wohnen wir?** Zu Fuß, mit dem Bus oder der Bahn die Stadt entdecken. Für Ihr Kind ist das alles neu und sehr aufregend. Vielleicht gibt es in der Nähe ja sogar einen Zoo oder einen Bauernhof?

Die Natur mit nach Hause nehmen

✓ **Steinreich:** Kinder lieben Steine und sammeln sie nur zu gerne. Suchen Sie gemeinsam und legen Sie eine Sammlung an. Mit den Steinen können Türme gebaut werden, sie lassen sich zu Mosaiken legen oder sich mit Buntstiften oder Acrylfarbe bunt bemalen.

✓ **Über Stöcke:** Nicht nur Steine, auch Stöcke sind beliebte Sammelobjekte. Daraus lässt sich ein Floß basteln. Oder sie werden mit Farbe verziert und kommen dann zum Beispiel als Zauberstäbe zum Einsatz. Oder ein Stockpferd basteln?

✓ **Ein Zuhause für Feen:** Aus Naturmaterialen wie Zweigen, Laub und Moos lässt sich ein Häuschen bauen. Tannenzapfen können Möbel sein, Blüten Deko. Was könnten Feen schön finden?

✓ **Natur für drinnen:** Reservieren Sie ein kleines Körbchen, eine schöne Schale oder eine bauchige Vase für die schönsten Naturmitbringsel des Kindes. Ein bisschen roter Sand aus dem Wald, ein glänzender witziger Stein, Eicheln oder die ersten Kastanien? Eine Miniausstellung je nach Jahreszeit sieht schön aus.

INFO

Kindgerecht dosiert
Kleinkindern genügen kleine Abenteuer. Die Eindrücke müssen schließlich auch alle verarbeitet werden. Damit nicht zu viele Reize auf einmal auf das Kind einströmen, reichen kurze Forschungseinheiten. Buchtipp: *Naturabenteuer für Kinder. Spiel- und Bastelideen für Flussbaumeister und Waldprinzessinnen* von Harald Harazim und Renate Hudak (GU Verlag).

FAMILIENRITUALE

Gemeinsame Rituale geben Kraft und stärken die Familienbande. Sie tun den Kleinen gut – und den Großen auch.

Rituale schenken viel

✓ **Zeitstruktur:** Feste Ankerpunkte wie Mahlzeiten, eine Tasse Tee am Nachmittag oder ein Lied am Abend führen durch den Tag.

✓ **Geborgenheit:** Regelmäßige Abläufe schenken Vertrautheit und Halt und sorgen für ein Wir-Gefühl. Gemeinsames Brötchenholen, ein fester Platz am Familientisch, eine Geschichte am Abend: Solche Strukturen helfen Kindern dabei, sich zu orientieren.

✓ **Erleichterung:** Kindern fällt es leichter, alltägliche Regeln wie das Zähneputzen zu akzeptieren, wenn sie ritualisiert werden und immer wieder gleich ablaufen.

✓ **Tradition:** Rituale stehen auch für große Ereignisse, etwa eine Taufe, eine Hochzeit oder die Einschulung. Das Feiern solcher Feste ist für jede Familie etwas Wertvolles.

✓ **Neue Werte:** Wie möchten Sie gern Ostern, Weihnachten oder Geburtstage feiern? Einige Rituale übernimmt man gern aus der Kindheit. Andere können Sie nun als Familie ganz so gestalten, wie Sie als Elternpaar es sich wünschen.

✓ **Veränderung:** Rituale müssen immer wieder mal angepasst werden, beispielsweise wenn sich die Bedürfnisse der Familienmitglieder ändern oder das Kind älter wird, aber auch, wenn die Kita oder ein neuer Arbeitsplatz es nötig machen, dass zum Beispiel das Frühstück kürzer ausfallen muss als bisher.

Ideen für Rituale

✓ **Morgenritual:** Ein kleines Licht anmachen, zärtlich über den Kopf streicheln und leise den Namen oder einen eigenen Gutenmorgenspruch sagen.

✓ **Pflegeritual:** Nach dem Aufwachen geht es ins Bad, die Zähne werden geputzt, ein wenig Wasser sorgt für Frische. Wenn die Körperpflege von Anfang an ein Ritual ist, wird sie von Kindern als ganz selbstverständlich angesehen.

✓ **Abendritual:** Wichtig für einen ruhigen Abschluss des Tages: immer zur gleichen Zeit Abendbrot essen, Zähne putzen, sich waschen und umziehen. Danach wird noch ein Buch vorgelesen, es gibt einen Gutenachtkuss und ein Gutenachtlied – dann wird geschlafen.

✓ **Zeit zu zweit:** Gerade wenn Geschwister da sind, ist exklusive Zeit wichtig. Immer wenn die Schwester oder der Bruder beim Turnen sind, ist Zeit für das Jüngste. Vielleicht mit einem Spaziergang oder Kuscheln auf dem Sofa?

✓ **Erzählrituale:** Nach der Kita oder am Abend gemeinsam vom Tag erzählen. Jeder darf berichten, was er erlebt hat. Feste gemeinsame Zeiten und das Teilhaben am Leben der anderen geben Zusammenhalt. Später können auch Familienkonferenzen eingeführt werden.

✓ **Geburtstagsrituale:** Kerzen, das eigene besondere Lied, ausnahmsweise Kuchen zum Frühstück und mittags das Lieblingsessen wählen dürfen – so wird der Geburtstag ein ganz besonderer Tag.

✓ **Rituale an den Feiertagen:** Ostereier auspusten und anmalen, den Adventskranz schmücken, toll kochen und essen … Überlegen Sie, wie Sie als Familie Feiertage begehen möchten.

✓ **Nur für Große:** Auch feste Zeiten für die Eltern sollten ein Familienritual sein. Denn Sie sind nicht nur ein Eltern, sondern auch ein Liebespaar. Organisieren Sie einen Babysitter (siehe Seite 54 f.) und verabreden Sie sich. Tabu: Gespräche über den Alltag.

MEDIEN UND KLEINKINDER

Medien faszinieren Kinder, egal, wie alt sie sind. Darum ist von Anfang an ein bewusster Umgang mit den vielen Informationsquellen wichtig.

Medienkompetenz erwerben

✓ Medien sind überall. Und genau das beobachten Kinder von Anfang an. Sie nehmen wahr, dass ihre Eltern TV gucken, aufs Smartphone sehen oder lesen. Achten Sie darum bewusst auf den eigenen Umgang mit Handy und Co. Für Ihr Kind sind Sie ein Vorbild.

✓ Lassen Sie den Fernseher oder das Radio nicht nebenbei laufen: Bilder und Informationen können Ihr Kind sehr überfordern.

✓ Kinder unter zwei Jahren sollten erst einmal mit allen Sinnen die Welt entdecken, bevor sie elektronische Medien erleben. Sie können Fernsehbilder noch nicht einordnen, da diese oft zu schnell sind. Auch mit Tablets sind sie überfordert. Nur Bücher sind schon für Minis geeignet.

✓ Mit etwa zwei Jahren zeigen Kinder deutlicheres Interesse an bewegten Bildern. Sie können jetzt erste kurze Filme gucken – aber nur zusammen mit den Eltern. Komplexe Geschichten verstehen Kinder unter drei Jahren noch nicht.

✓ Gemeinsam mit Mama und Papa können sie auch auf dem Tablet oder dem Smartphone erste digitale Wimmelbücher oder Bilderbücher angucken. Aber nicht ohne Begleitung.

✓ Die Aufmerksamkeit von Zweijährigen ist noch beschränkt. Mehr als 15 Minuten am Stück können sie nicht folgen – länger sollte die tägliche Mediennutzung daher nicht sein, raten Experten.

Medienkonsum mal anders

✓ Ganz verboten werden sollten Medien nicht – aber nur mit Ihnen zusammen kann Ihr Kind diese heute allgegenwärtigen Angebote begreifen. Medienkompetenz ist wichtig.

✓ Jedes Kind reagiert anders. Einige sind sehr neugierig und gucken schon jetzt gerne etwa Familienfotos auf Mamas Smartphone an und erzählen dabei etwas. Andere interessiert das alles noch gar nicht oder sie fühlen sich überfordert.

✓ Büchereien haben ein umfangreiches Medienangebot. Ob DVD, Buch oder Hörspiel – hier finden Sie immer etwas Neues. Und für Ihr Kind ist der Besuch ein spannendes Erlebnis.

✓ Nutzen Sie Medien aktiv! Drehen Sie mit dem Smartphone kleine Filme, machen Sie Fotos. Kinder können dabei mit ihren Eltern kreativ werden. Das fördert ihre kognitiven Fähigkeiten.

✓ Für Kleinkinder sind Hörbücher oder -spiele eine Alternative. Möglichst in knapper Sprache und mit Musik. Aber auch hier sind die Eltern wichtig – zum gemeinsamen Hören, Verstehen und Mitsingen.

✓ Es gibt sie, die Notfälle, in den das Kind einfach kurz ruhig beschäftigt werden muss. Wählen Sie dann bekannte Clips oder Sendungen. Dann wissen Sie genau, was Ihr Kind guckt.

OFT GEFRAGT

Wo kann ich mich informieren?
Der Schein trügt häufig: Nicht alle Apps, die kindgerecht aussehen, sind auch tatsächlich für Kinder geeignet.
Gute Tipps erhalten Sie unter **www.ene-mene-mobile.de** und in der Kinder-App-Datenbank des Deutschen Jugendinstituts (**www.datenbank-apps-fuer-kinder.de**). Mehr Infos über Mediennutzung bietet die Initiative **www.schau-hin.info**.

GESUNDHEIT UND ENTWICKLUNG

UMGANG MIT SPRACHE

Im dritten Lebensjahr passiert in der Sprachentwicklung ungemein viel. Ihr Kind kann sich immer besser mitteilen, reagiert aber auch sensibel auf bestimmte Worte.

Das Sprachverständnis wächst

✓ Um den zweiten Geburtstag herum sprechen die meisten Kinder etwa 50 bis 150 Wörter. Einige sind eher wortkarg, andere wahre Wörtersammler. Passiv verstehen alle aber meist dreimal so viel.

✓ Mit knapp zwei Jahren sollten Kinder Tiere benennen und einfache Aufforderungen verstehen können sowie auf den eigenen Namen reagieren. Meist sprechen sie in Zwei-Wort-Sätzen.

✓ Im dritten Lebensjahr lernt ein Kind im Schnitt acht bis zehn neue Wörter am Tag und fängt an, Mehr-Wort-Sätze zu bilden.

✓ In der zweiten Hälfte des dritten Lebensjahres entdeckt Ihr Kind die Sprachmelodie und beginnt, viele Fragen zu stellen. Auch wenn das ständige »Warum« manchmal nervt: Bemühen Sie sich um Antworten. Nur so kann Ihr Kind lernen.

✓ Manche Kinder fangen erst spät an zu sprechen, andere denken schneller, als sie sprechen können, und verhaspeln sich noch. Lassen Sie Ihrem Kind die Zeit, die es braucht.

Die eigenen Worte bedenken

✓ **Du?!** Was genau meinen Sie, wenn Sie laut den Namen Ihres Kindes rufen? »Klara!« allein teilt dem Kind nichts mit. »Klara, komm zu mir!« schon. Überlegen Sie, was Sie erreichen möchten.

✓ **Sei nicht frech!** Was genau soll das bedeuten? Ein zweijähriges Kind versteht solche Begriffe nicht. Und schlechte Absichten hat es auch nicht. Benennen Sie, was Sie stört: »Nein, du darfst das nicht tun.«

✓ **Wortwahl bedenken:** »Ich schmeiße dich vor die Tür, wenn du weiter so laut bist«, »Ich habe dich zum Fressen gern« – das sind Sätze, die Sprechanfänger wörtlich nehmen. Und sie beängstigen.

✓ **Ironie ist tabu:** »Ach, ist das so?« Erwachsene machen gern ironische Bemerkungen. Kinder unter fünf Jahren können aber nicht verstehen, dass damit das Gegenteil gemeint ist.

✓ **Wie oft muss ich das noch sagen?** Ein Elternklassiker. Aber auch ein Satz, den Kinder gar nicht verstehen können.

✓ **Worte können verletzen:** »Das verstehst du noch nicht«, »Das kannst du eh nicht« – Sätze, die genau das Gegenteil von Lob sind, machen traurig und entmutigen. Hört ein Kind immer »Darum!« auf seine Fragen, wird es bald keine Antworten mehr einfordern.

INFO

Babysprache ist tabu

Ein Hund heißt Hund, nicht Wau wau. Experten empfehlen, mit dem Kind nicht in verniedlichender Sprache zu sprechen. Und wenn das Kind selbst so schöne Worte wie »Jojo« für Joghurt, »Bupse« für Mütze oder »Meckerling« statt Schmetterling sagt? Nicht nachahmen, so lustig es auch klingt. Nutzen Sie selbst die richtigen Bezeichnungen für die betreffenden Gegenstände, sonst kann Ihr Kind sie nicht lernen.

SCHLAF, KINDCHEN, SCHLAF

Ruhige Nächte – danach sehnen sich alle Eltern. Und viele Zweijährige schlafen nun auch meist durch. Endlich! Trotzdem ist Schlaf immer noch ein wichtiges Thema.

Schlafbedürfnis

✓ Zwischen dem zweiten und dritten Lebensjahr benötigt ein Kind in der Regel zwischen 11 und 13 Stunden Schlaf in der Nacht und ein bis drei Stunden Mittagsschlaf.

✓ Im dritten Lebensjahr kommen einige Kinder ohne Mittagsschlaf aus. Wer mittags nicht wirklich müde ist und trotzdem ruhen muss, ist am Abend lange fit. Wer den Schlaf aber noch braucht, ist ohne ihn tagsüber quengelig.

✓ Die Bettgehzeit richtet sich danach, wann das Kleine morgens aufstehen muss und wie viel Schlaf es in der Regel benötigt. Ein Kleinkind kann das noch nicht alleine regulieren.

✓ Achten Sie trotz regelmäßiger Bettgehzeit auf Müdigkeitszeichen des Kindes. Wenn das Kind einfach mal sehr k. o. ist, können Sie es ruhig früher ins Bett bringen. Oder das Abendritual abkürzen.

✓ Ein regelmäßiges und beruhigendes Einschlafritual ist Kindern wichtig (siehe auch Seite 99).

✓ Das Kind schläft noch im Familienbett oder im Schlafzimmer? Da es so gern selbstständig sein möchte, ist jetzt ein idealer Zeitpunkt für den Umzug ins Kinderzimmer. Aber ohne Druck und nur, wenn der Nachwuchs dies auch selbst möchte.

Gute Nacht!

✓ Vor dem Schlafengehen die Sinne nicht mehr überreizen. Eine Vorlesegeschichte oder ein sanftes Gutenachtlied helfen, zur Ruhe zu kommen. Fernsehen oder wildes Toben erschwert dies.

✓ Müde Kinder neigen zum Nörgeln und Quengeln. Gerade Zweijährige wollen den Tag oft nicht ausklingen lassen und können schnell wütend werden. »Such dir ein Buch aus« ist jetzt einfach zu viel. »Wimmelbuch oder Teddygeschichte?« – da fällt die Wahl leichter.

✓ Im dritten Lebensjahr merken immer mehr Kinder, dass sie mal müssen oder die Blase drückt. Dann schlafen sie unruhig oder schlecht ein. Tipp: Direkt vor dem Insbettgehen noch einmal auf die Toilette oder aufs Töpfchen setzen.

Ängste, Albträume und Nachtschreck

✓ **Angst in der Dunkelheit?** Ist genauso wie Albträume im dritten Lebensjahr durchaus normal. Nehmen Sie Ihr Kind in diesen Momenten ernst und beruhigen Sie es. Bleiben Sie bei ihm, bis es sich beruhigt hat und einschlafen kann.

✓ **Angst vor Monstern?** Zeigen Sie, beispielsweise indem Sie das Licht einschalten, dass keine Monster zu sehen sind. Gehen Sie spielerisch auf die Vorstellungskraft des Kindes ein und »verscheuchen« Sie gemeinsam alle Monster.

✓ **Nachtschreck:** Ihr Kind schreckt im Schlaf plötzlich auf, schreit schrill, ist aber nicht wirklich ansprechbar? Der sogenannte Nachtschreck *(Pavor nocturnus)* verunsichert Eltern, ist aber harmlos. Bleiben Sie bei Ihrem Kind und beruhigen Sie es, sofern es dies zulässt. Schalten Sie kein großes Licht an. Der Nachtschreck ist nach wenigen Minuten vorbei und Ihr Kind kann ruhig weiterschlafen.

WUT UND TROTZ

Selbstständig werden und eigene Wünsche erkennen ist prima. Aber wenn es nicht läuft wie gewollt, können auch schon bei Zweijährigen Frust und Enttäuschung groß werden. Und sie können deswegen mächtig wütend sein.

Woher kommen die Trotzanfälle?

✓ Ihr Kinder macht gerade eine wichtige Übergangsphase durch. Es muss Geduld und vieles andere erst noch lernen.

✓ Sehr oft fühlen sind Kinder überfordert – von vielen Reizen etwa oder vom Wunsch, etwas schon schaffen zu können.

✓ Manche zürnen und wüten, andere treten oder motzen. Das kann laut und anstrengend werden – und auch Eltern wütend machen.

OFT GEFRAGT

Dürfen Eltern wütend werden?
Auch Eltern haben Grenzen und das Leben mit einem willensstarken Kleinkind kann zornig machen. Das ist ganz normal. Aber diese Wut sollte das Kind nicht abbekommen. Was hilft:
- Aus dem Raum gehen und langsam bis zehn zählen. Immer noch erregt? Dann zählen Sie weiter.
- Singen. Klingt absurd, hilft aber augenblicklich, die schlechte Stimmung zu lösen. Eben weil es so abwegig ist.
- Sagen Sie Ihrem Kind, dass Sie gerade wütend sind, und erklären Sie ihm, dass auch Eltern manchmal sauer werden.
- Buchtipp: *Ich! Will! Aber! Nicht! Die Trotzphase verstehen und meistern* von Susanne Mierau (GU Verlag).

Typische Konfliktsituationen

✓ **Das interessiert mich:** Wie, ich darf nicht weiterforschen? Am Herd gibt es tolle Knöpfe und die Tür vom Kühlschrank geht auf, wenn man daran zieht. Ein elterliches »Nein« sorgt für Unmut.

✓ **Ich will bestimmen:** Gerade hat das Kind die Puppe in den Wagen gesetzt und ihr die Socken ausgezogen. Aber Papa will los? Das ist dem Nachwuchs egal. Er ist ins Spiel vertieft – und wird wütend.

✓ **Mal gucken, wie weit ich komme:** Im Supermarkt sieht das Kind so ein orangefarbenes Schokoriegelchen. Lecker! Also rasch zugreifen. Legt Mama die Schokolade wieder ins Regal, macht das zornig.

Tipps für einen friedlicheren Alltag

✓ **Kompromisse schließen:** Ihre Tochter will im Winter ein Sommerkleid tragen? Ihr Sohn trotz frühlingshaftem Wetter unbedingt den Anorak anziehen? Dürfen sie – mit dicker Hose drunter und Strickjacke drüber beziehungsweise T-Shirt drunter.

✓ **Selbstständigkeit unterstützen:** Der Nachwuchs kann schon alleine die Hose anziehen oder in den Autositz klettern? Prima! Planen Sie Zeitpolster ein, damit er es auch selbst machen kann. Bieten Sie Hilfe an, aber greifen Sie nicht einfach ein, damit es schneller geht.

✓ **Termine ankündigen:** »Noch ein Buch, dann fahren wir.« So fühlt sich das Kind nicht vom Wir-müssen-jetzt-sofort-Los überfordert.

✓ **Eine Linie fahren:** Mutter und Vater müssen sich einig darin sein, was erlaubt und was verboten ist. Widersprüche irritieren und verunsichern Kinder völlig.

✓ **Aufmerksam beobachten:** Wann wird Ihr Kind trotzig oder wütend? Was könnte der Grund sein? Wie kann die Situation geändert werden? Wenn Ihr Kind zum Beispiel am Abend mit Brot wirft, ist es vielleicht überdreht und müde und sollte früher essen.

ALLE AN EINEM TISCH

Endlich an einem Tisch sitzen, gemütlich beisammen sein und dabei entspannt etwas Leckeres essen? Mit einem Kleinkind gestaltet sich das nicht immer so einfach wie gedacht.

Kritische Phasen am Familientisch

✓ **»Mag nicht«:** Ab dem 18. Monat lässt die Experimentierfreude beim Essen oft merklich nach. Bisher unkomplizierte Esser werden nun manchmal mäkelig. Doch keine Sorge: Selbst Nudeln pur versorgen das Kind. Nicht zum Essen zwingen.

✓ **Suppenkasper:** Das Kind lehnt das Essen ab? Kochen Sie keine Extramahlzeit. Ihr Kind kann dann die Beilagen essen oder bekommt ein Brot. Auch wenn es eine Mahlzeit auslässt, wird es nicht gleich verhungern. Vielleicht hat es einfach keinen Appetit.

✓ **Anbieten:** Mag das Kind ein Lebensmittel nicht, können Sie es ruhig immer wieder anbieten. Aber zwingen Sie es nicht dazu, es zu probieren. Daraus entsteht umso mehr Abneigung.

✓ **Der falsche Weg:** Das Kind ablenken oder Zucker auf Lebensmittel streuen, um sie schmackhafter zu machen? Würden Sie selbst so bei Rosenkohl auf den Geschmack kommen? Eben! Hilft nichts.

✓ **Essen als Machtmittel:** Süßes zum Trost oder Dessertverbot, wenn das Kind nicht artig war? Beides tabu. Aber auch Eltern sollten sich von Kindern nicht unter Druck setzen lassen.

✓ **Tischmanieren:** Zeigen Sie Ihrem Kind, wie es mit Besteck isst, es möchte vermutlich ohnehin genau so essen wie die Großen. Zweijährige können aber noch nicht lange still sitzen und verstehen auch noch nicht, dass man mit vollem Mund nicht spricht. Hier sollten Ausnahmen erlaubt sein.

Gemeinsam Freude am Essen

✓ Ein Zweijähriges kann schon richtig beim Einkaufen, Kochen und Tischdecken mithelfen. Gestalten Sie das als gemeinsames Ritual.

✓ Essen wie die Großen bedeutet auch, dass Sie kein Extraessen kochen müssen. Ihr Kind kann nun alles essen, und das macht auch Spaß. Entdecken Sie gemeinsam Rezepte, die der ganzen Familie schmecken.

✓ Kleine Tricks sind erlaubt: Brot mit dem Ausstechförmchen in Sterne »verzaubern«, statt Apfelmus »Pfannkuchensoße« oder statt Restepfanne »Räuberessen« anbieten.

✓ Was ist das? Wie schmeckt welches Gemüse? Was essen wir eigentlich? Das können Sie am besten zeigen, wenn Sie gemeinsam Frisches auf dem Markt einkaufen. Auch ein Besuch auf dem Bauernhof fasziniert Kinder.

✓ Salz sollte für Kleinkinder nur sehr sparsam dosiert werden (das ist auch für die Großen gesünder). Probieren Sie stattdessen Kräuter und Gewürze – aber bitte maßvoll.

✓ Essen ist eine sinnliche Erfahrung. Lassen Sie Ihr Kind daran riechen und ruhig auch mal ausprobieren, wie es sich in den Händen anfühlt. Mit den Händen essen darf in diesem Alter ruhig noch sein.

✓ Bleiben Sie gelassen. Natürlich wird es um den Sitzplatz eines Kleinkinds nicht sauber bleiben. Ein Lätzchen schützt die Kleidung – und eine abwischbare Unterlage den Teppich.

ESSEN WIE DIE GROSSEN

Das Kind hat nun alle Zähne, kann schon gut allein mit der Kindergabel und dem Löffel essen. Aber was sollte beim Speiseplan bedacht werden?

Gesunde Alternativen

✓ Bieten Sie Ihrem Kind ausgewogene Mahlzeiten an.

✓ Verzichten Sie beim Frühstück auf Fertigzerealien (zu viel Zucker), Weißbrot oder Brezeln. Stellen Sie stattdessen lieber Müsli und Vollkornbrot auf den Tisch. Das ist gesünder und macht länger satt.

✓ Beim Mittagessen sollten Pommes und Bratwurst Ausnahmen sein, da sie viel zu fettig sind (nicht nur für Kleinkinder, auch für Große). Besser: Ofenkartoffeln (mit Dip), Geflügelwurst statt »normaler« Wurst und Vollkornnudeln statt Weizennudeln.

✓ Beim Abendessen viel Rohkost anbieten; Knabbergemüse mit Dips ist gesünder als Aufschnitt.

✓ Chips, Bonbons oder Schokoriegel enthalten viel zu viel Fett und Zucker. Gesunde Alternativen für Snacks und Zwischenmahlzeiten: selbst gemachtes Popcorn, Puffreis, Grissini oder wenig gesüßte Gummibärchen.

✓ Zwischenmahlzeiten bedeuten nicht Dauerknabbern. Zwei kleine zusätzliche Mahlzeiten, etwa ein Snack und Obst am Vormittag oder ein Joghurt am Nachmittag, sind okay. Aber Kinder, die ständig essen, weil es immer Angebote gibt, können kaum »echten« Hunger entwickeln und essen daher zu den Hauptmahlzeiten schlechter.

Kleine Gemüsemuffel

✓ Dekorieren Sie Bananenscheiben, Rosinen und Apfelspalten zu einem lustigen Gesicht oder sortieren Sie Obst und Gemüse nach Farben: gelbe Paprika, blaue Trauben, grüne Gurke, rote Erdbeeren …

✓ Ihr Kind mag keine Äpfel? Vielleicht mag es ja aber auch nur keine sauren oder süßen Äpfel. Testen Sie verschiedene Sorten.

✓ Obst und Gemüse schnippeln macht schon den Kleinsten Spaß – mit einem nicht zu scharfen Messer geht das auch gut. Und was man selbst macht, schmeckt oft auch besser.

✓ Lieber trinken als knabbern? Bieten Sie Ihrem Kind einen Smoothie oder einen Milchshake an – manche kleinen Vitaminmuffel lassen sich davon begeistern.

Wahrheiten überzeugen

✓ **Seien Sie ehrlich:** Das Kind soll alles probieren. Aber es darf auch Dinge nicht mögen. Warum sollte es grüne Bohnen toll finden, wenn Papa die auch nicht will? Ernähren Sie sich selbst ausgewogen?

✓ **Vorlieben sind verschieden:** Lieber süß oder salzig? Sauer oder scharf? Geschmäcker sind unterschiedlich. Nicht jedes Kind mag Pudding, und es gibt Kinder, die Brokkoli über alles lieben.

✓ **Ein Löffel für Mama?** »Wenn du aufisst, dann unternehmen wir was Schönes.« Damit erzeugen Sie Druck und sorgen für Machtkämpfe. Vielleicht ist Ihr Kind einfach satt? Lassen Sie es selbst entscheiden, wie viel es isst. Richtlinie: die Menge, die in eine Kinderhand passt, auf den Teller geben und lieber noch mal nachlegen.

✓ **Verständnis schaffen:** Erklären Sie kindgerecht, dass Möhren gesund sind, weil Vitamin A die Augen stärkt, dass Vitamin C in Obst und Gemüse stark macht und Superkräfte verleiht und dass Kalzium Knochen und Zähne fest werden lässt.

TROCKEN WERDEN

Jedes Kind hat sein eigenes Tempo: Das gilt selbstverständlich auch beim Trockenwerden. Manche Zweijährige können bereits auf die Windel verzichten – aber viele noch nicht.

Signale, die zeigen, dass ein Kind trocken werden möchte

✓ In der zweiten Hälfte des zweiten Lebensjahres zeigen viele Kinder deutliches Interesse an allem, was mit einem »echten« Toilettengang verbunden ist. Das Körperbewusstsein wächst und auch körperlich ist das Kind so weit, die Schließmuskeln zu beherrschen.

✓ Die Windel bleibt immer öfter trocken.

✓ Das Kind kommentiert »Pipi« oder »Windel voll« und besteht auf »neue Windel«.

✓ Es interessiert sich für Toilettengänge von Eltern und Geschwistern.

✓ Manche Kinder ziehen sich nun auch bewusst zurück, wenn sie Blase oder Darm entleeren.

TIPP

Worte finden
Ihr Kind entdeckt immer mehr den eigenen Körper – doch wie heißen die Körperteile? Es ist wichtig, die Dinge beim Namen zu nennen und statt Fantasienamen oder Verniedlichungen Begriffe wie »Scheide« oder »Glied« zu benutzen. Gleiches gilt auch für das große und kleine »Geschäft«. Verwenden Sie Bezeichnungen, die auch andere verstehen, sonst bekommt das Kind später Probleme. Sprechen Sie sich als Eltern ab, was Ihnen angenehm oder unangenehm ist. Klo oder Örtchen: Sie entscheiden.

Windel ade – so können Eltern unterstützen

✓ Das spielerische Interesse des Kindes nutzen und Toilettensitz und Töpfchen anschaffen – und das Kind ermutigen, sie zu benutzen.

✓ Töpfchen oder Toilettensitz mit Stufen? Am besten beides, dann kann das Kind entscheiden.

✓ Lassen Sie Ihrem Kind Zeit und drängen Sie es nicht. Etwa die Hälfte der Vierjährigen braucht am Tag noch eine Windel. Jungen häufiger als Mädchen.

✓ Praktisch: Höschenwindeln mit elastischen Bund, die Ihr Kind allein rauf- und runterziehen kann.

✓ Der Sommer ist ideal dafür, um das Kind nackt herumtoben zu lassen. Ein Malheur im Freien ist nicht so unangenehm.

✓ Keine Windel, aber doch eingenässt? Das passiert am Anfang oft, denn die Kontrolle der Blase dauert noch länger. Haben Sie einfach immer Ersatzkleidung dabei und schimpfen Sie nicht.

✓ Was genau ist da im Töpfchen drin? Das kam aus mir heraus? Kleine Kinder sind neugierig und möchten auch ihre Ausscheidungen genau untersuchen. Wichtig: Bleiben Sie sachlich und sagen Sie nicht »Wie eklig« oder »Das stinkt«. Das verunsichert Kinder.

✓ Viele Kinder zeigen zwar schon Interesse, sind aber einfach noch nicht so weit, sauber zu werden. Das ist normal.

✓ Und in der Nacht? Erst wer am Tag komplett trocken ist, kann dies auch in der Nacht sein. Manche Kinder sind auch in der Nacht rasch sauber, andere brauchen Zeit. Die meisten Kinder sind bis zum fünften Lebensjahr auch nachts trocken.

✓ Es gibt viele Kinderbücher zum Thema Trockenwerden. Egal ob Teddy, Jakob oder Conni als Vorbilder dienen: Gemeinsames Lesen bereitet Ihr Kind vor.

EIN GESCHWISTERCHEN

Wenn das zweite Kind kommt, verändert sich zwar vieles, aber nicht alles. Mit ein wenig Vorbereitung klappt die Umstellung vom Leben zu dritt auf ein Leben zu viert.

Das große Kind vorbereiten

✓ Nicht zu früh einweihen, denn kleine Kinder haben noch kein ausgeprägtes Zeitgefühl und können mit der Zeitspanne »neun Monate« nichts anfangen. Besser sind Umschreibungen wie »wenn der Weihnachtsmann (oder Osterhase) kommt« oder »wenn es im Sommer richtig warm ist«.

✓ Zeigt das Kind kein Interesse, drängen Sie es nicht. Manchmal kommen die Fragen erst später.

✓ Details können Sie auslassen. Wie das Baby in den Bauch gekommen ist, erst auf Nachfrage erklären.

✓ Altersgerechte Bilderbücher zeigen, wie das Baby im Bauch wächst, und bereiten auf das Leben mit dem Geschwisterchen vor.

✓ Versprechen Sie Ihrem »Großen« nicht zu viel: Es kommt kein »fertiger« Spielkamerad auf die Welt, sondern ein hilfloses Baby, das am Anfang nur schreit und schläft.

✓ Lassen Sie das große Kind bei der Vorbereitung helfen, zum Beispiel beim Babykleidung-Kaufen. Oder lassen Sie es aus dem eigenen Spielzeug etwas fürs Baby aussuchen.

✓ Planen Sie rechtzeitig, wer sich während der Geburt um das große Kind kümmert. Das erspart eine Menge Stress.

Die erste Zeit zu viert

✓ Nehmen Sie sich Zeit für Ihr großes Kind, auch wenn Sie im Krankenhaus liegen.

✓ Bitten Sie Besuch, zuerst das große Kind zu begrüßen und nicht nur das Baby in den Mittelpunkt zu stellen. Es hilft auch, wenn der Besuch ein kleines Geschenk fürs große Kind mitbringt.

✓ Behalten Sie bisherige Rituale unbedingt bei, sie geben Ihrem »Großen« Sicherheit und zeigen, dass sich nicht alles verändert hat.

✓ Es ist normal, wenn Ihr Kind auf einmal in alte Muster zurückfällt und zum Beispiel nicht mehr alleine essen oder sich anziehen kann. Dieses sogenannte regressive Verhalten vergeht wieder. Akzeptieren Sie es und gehen Sie auf die Bedürfnisse des Kindes ein.

✓ Beziehen Sie das große Kind in die Babypflege mit ein.

✓ Nicht vergessen, auch wenn Ihnen Ihr Erstgeborenes auf einmal richtig groß vorkommt: Es ist immer noch ein kleines Kind.

Was tun bei Eifersucht?

✓ Eifersucht ist ganz normal. Sie kleinzureden oder das Kind sogar dafür zu bestrafen wirkt nur kontraproduktiv.

✓ Fassen Sie die Gefühle Ihres Kindes in Worten zusammen und helfen Sie ihm so, das eigene Gefühlschaos besser zu verstehen.

✓ Zeigen Sie klare Grenzen auf: Dem Baby wehtun ist nicht erlaubt.

✓ Reservieren Sie kleine Exklusiv-Zeitinseln für das Große.

✓ Dem Erstgeborenen die Privilegien aufzuzeigen, die es als »großes« Kind hat, gibt ihm Selbstvertrauen und hilft ihm zu akzeptieren, dass die Eltern dem Baby viel Aufmerksamkeit widmen müssen.

✓ Buchtipp: *Willkommen Geschwisterchen. Entspannte Eltern und glückliche Kinder* von Nathalie Klüver (Trias Verlag).

GUT ZU WISSEN – ORGANISATION UND MEHR

NETZWERKE FÜR ELTERN

So wie Kinder den Kontakt zu Gleichaltrigen brauchen, brauchen auch Eltern den Kontakt zu anderen Eltern.

Wieso benötigen wir ein Netzwerk?

✓ Ein Austausch unter Eltern erleichtert das Leben. Auch das Internet kann nie den persönlichen Austausch ersetzen.

✓ In Notsituationen ist es hilfreich zu wissen, dass andere Eltern sich um den Nachwuchs kümmern können.

✓ Kennt Ihr Kind die andere Familie gut, kann es auch mal eine Zeit lang dort bleiben. Natürlich sollten Sie diese Geste erwidern.

✓ Manchmal fällt einem alleine mit Kind die Decke auf den Kopf. Während Ihr Schatz im Kinderwagen seinen Mittagsschlaf hält oder mit einem Sandkastenfreund spielt, können Sie mit den Eltern in Ruhe über Erwachsenenthemen reden.

Wo können Sie neue Menschen treffen?

✓ Ob Spielplatz, Kita oder Spielgruppe – die Möglichkeiten, andere Eltern und Kinder kennenzulernen, sind enorm.

✓ Gründen Sie eine whatsApp-Gruppe mit Freunden und Bekannten, die von jedem ergänzt werden kann.

✓ Eltern haben oft ähnliche Routinen. Wenn Sie immer zur gleichen Zeit im Supermarkt an der Kasse stehen wie die andere nett lächelnde Mutter, dann sprechen Sie sie doch einfach mal an.

✓ Ihr Kind möchte unbedingt mit dem Kind spielen, das es auf der Straße entdeckt hat? Plaudern Sie doch derweil mit den Eltern.

Wie komme ich mit anderen Eltern in Kontakt?

✓ Seien Sie nicht schüchtern. Wenn Ihre Kinder gerade so schön miteinander spielen, kommentieren Sie das einfach. Kinder sind ein prima »Türöffner«, um ins Gespräch zu kommen.

✓ Der Nachwuchs fragt, wann man sich wiedersehen kann? Bingo! Spielen Sie den Ball ans andere Elternteil weiter.

✓ Die Spielgruppe macht Sommerpause? Sprechen Sie die anderen direkt an und tauschen Sie Telefonnummern aus.

✓ Der Kinderarzt ist eine tolle Kontaktbörse. Umzingelt von Krankheiten, lässt sich mit Humor schnell ein Spielplatzdate verabreden. Die verschnupften Kinder müssen doch sowieso an die Luft.

Müssen wir auf einer Wellenlänge sein?

✓ Klar, es ist der Sechser im Lotto, wenn das Gegenüber sich als Seelenverwandte/r entpuppt. Erwarten Sie aber nicht zu viel. Nur weil man Kinder hat, teilt man nicht alle Ansichten.

✓ Schauen Sie, dass die für Sie wichtigen Punkte passen. Seien Sie aber auch nachsichtig. Auch Sie sind sicherlich nicht perfekt.

✓ Und wenn es einfach nicht passt? Dann gehen Sie eben wieder getrennte Wege. Es gibt noch so viele Möglichkeiten.

WENN ETWAS PASSIERT

Wie sieht eigentlich die Rechtslage aus, wenn den Eltern etwas zustößt? Wem vertraut man das Kind an? Darum sollten Sie sich kümmern – auch wenn der Gedanke Angst macht.

Rechtliche Grundlagen

✓ **Wenn ein Elternteil verstirbt:** Dann gilt das Kind als Halbwaise – und hat damit einen Anspruch auf Halbwaisenrente, die sich am Rentenanspruch des Verstorbenen orientiert.

✓ **Ledige Eltern:** Wichtig ist hier das gemeinsame Sorgerecht. Waren die Eltern nicht verheiratet und hat das lebende Elternteil kein Sorgerecht, wird es eine gerichtliche Regelung geben müssen. Paare ohne Trauschein sollten daher beim Standesamt das gemeinsame Sorgerecht beantragen.

✓ **Versterben beider Eltern:** Dann wird das Sorgerecht laut dem Bürgerlichen Gesetzbuch (BGB) geregelt. Ein Familiengericht wird die Vormundschaft für das Kind festlegen. Auch Vollwaisen erhalten Waisenrente, die sich an den Ansprüchen der Eltern orientiert.

✓ **Vormund:** Viele denken, dass im Todesfall beider Eltern die Großeltern oder Taufpaten automatisch die Verantwortung für minderjährige Kinder übernehmen. Das stimmt nicht. Verpflichtet sind sie dazu nämlich nicht. Das Familiengericht orientiert sich an Empfehlungen des Jugendamts und wählt meist jemanden aus dem näheren Umfeld des Kindes aus, bevorzugt Familienangehörige.

✓ **Mitbestimmung der Eltern:** Laut §§ 1176, 1777 BGB können Eltern bestimmen, wer im Fall des Todes Vormund sein soll. Das Familiengericht muss sich an die Entscheidung der Eltern halten, es sei denn, das Kindeswohl spricht dagegen.

Die Sorgerechtsverfügung

✓ Eltern können die Sorgerechtsverfügung, auch »Elterntestament« genannt, selbst verfassen – handschriftlich mit Datum und vollständigen Unterschriften. Am besten aber einen Notar hinzuziehen.

✓ Sie können erklären, wer als Vormund eingesetzt werden soll. Neben diesem Vormund sollte ein Ersatzvormund benannt werden, falls der andere die Aufgabe nicht übernehmen kann.

✓ Genauso können bestimmte Angehörige ausdrücklich von der Vormundschaft ausgeschlossen werden.

✓ Die mögliche Vormundschaft sollte vorher mit den betreffenden Verwandten oder Freunden abgesprochen werden.

✓ Ein Vormund muss das Kind laut Gesetz nicht zu sich nehmen und kann bestimmen, dass es beispielsweise in einer Pflegefamilie leben soll. Sprechen Sie sich daher vorher mit ihm ab und nehmen Sie entsprechende Vereinbarungen im Testament auf.

✓ Die Sorgerechtsverfügung sollte von Zeit zu Zeit der aktuellen Situation angepasst werden. Vielleicht können die Großeltern sich mittlerweile nicht mehr kümmern?

✓ Bei geschiedenen Eltern bleibt das Sorgerecht beim überlebenden Elternteil. Verstirbt dieser ebenfalls, gilt die letzte Verfügung.

✓ Stirbt ein Elternteil, kann das andere das Testament und die gemeinschaftliche Benennung eines Vormunds alleine wieder ändern.

OFT GEFRAGT

Wo hebt man ein Testament auf?
Es ist sinnvoll, ein Elterntestament bei den übrigen Familienunterlagen aufzubewahren. So ist im Notfall alles schnell gefunden. Alternativ können Sie es gegen eine Gebühr beim Nachlassgericht oder Notar hinterlegen.

HAUSHALTSPFLICHTEN

Wer macht eigentlich was im Haushalt? Das ist ein Thema, über das viele Paare streiten. Mit klaren Absprachen funktioniert der Alltag gleich viel besser.

Die Arbeit richtig einteilen – für Fortgeschrittene

- ✓ Haushalt, Kinder und Job gemeinsam zu meistern ist nicht leicht. Die Kunst der Vereinbarkeit: Mut zur Lücke und eine gute Arbeitsaufteilung, wer was wann macht.

- ✓ Wichtig sind klare Absprachen – gerade nach der Elternzeit. Am besten stellen Sie einen Plan auf und gleichen diesen in regelmäßigen Abständen immer wieder mal ab.

- ✓ Wer ist zurzeit für was zuständig? Wie ist die Aufteilung entstanden? Oft übernimmt das Elternteil in Elternzeit mehr im Haushalt. Arbeiten aber beide, sollte es eine faire Aufteilung geben.

- ✓ Eine gemeinsame Liste hilft: Was genau fällt bei der Familienarbeit an? Auf der linken Seite stehen die Aufgaben (Wäsche in die Maschine packen, einkaufen, Arzttermine organisieren), auf der rechten, wer dafür zuständig ist. Am besten erstellen Sie gleich einen Wochenplan. Das spart Zeit.

- ✓ Gibt es bestimmte Aufgaben, die einer lieber übernimmt? Etwa Näharbeiten oder das Renovieren der Wohnung?

- ✓ Können Sie Aufgaben, die keiner gern macht, an andere delegieren, beispielsweise an einen Fensterputzer?

- ✓ Können bestimmte Aufgaben an Zeiten und Umstände angepasst werden? Dann ist zum Beispiel derjenige, der zuletzt aus dem Haus geht, fürs Bettenmachen zuständig. Und wer auf dem Weg nach Hause eher am Supermarkt vorbeikommt, übernimmt den Einkauf.

✓ Was stört? Nicht jeder legt Wäsche nach dem gleichen Prinzip zusammen, setzt beim Putzen die gleichen Prioritäten. »Anders« muss nicht »falsch« bedeuten.

✓ Mit dem Smartphone können Sie per Kalender Termine abgleichen, mit Apps wie »Wunderlist« oder »Evernote« Einkaufszettel erstellen. Praktisch für Familien ist auch die App »Famiance« mit To-do-Listen und Kalendern.

Tipps für den Familienalltag

✓ **Stundenpläne:** Können bei der Aufgabenverteilung zwar wunderbar helfen, sind aber nur eine Unterstützung. Keiner sollte darauf beharren, sonst gibt es schnell richtig Zoff.

✓ **Pufferzonen:** Bedenken Sie unbedingt das Unplanbare. Eine Platzwunde, der verschwundene Teddy oder einfach ein kurzer »Bummelanfall« – mit Kindern ist Timing nicht einfach.

✓ **Zeitinseln für die Großen:** Planen Sie auch bewusst Auszeiten für sich selbst ein. Für sich als Paar und für sich allein. Treffen mit Freunden oder Zeit für Sport müssen auch sein.

✓ **Biorhythmus:** Eule oder Lerche? Wer am Abend fit ist, sollte seine Aufgaben später erledigen, wer morgens frisch aus den Federn hüpft, ist dann vermutlich motivierter. Auch Ruhezeiten sind wichtig, doch genau da sparen Eltern oft – auf Kosten ihrer Gesundheit.

✓ **Geld:** Ein heikles Thema. Hier sollten Sie als Paar klare und faire Absprachen treffen. Wer ist mehr für die Familienarbeit zuständig? Wer für die Erwerbsarbeit? Wie werden die Kosten verteilt, wenn einer ein deutlich geringeres Einkommen hat?

✓ **Familienzeit:** Auch Zeit als Familie will geplant werden. Es muss ja nicht unbedingt der Sonntag sein. Gemeinsame Zeit entschleunigt und gibt Kraft für den Alltag. Unter **www.elternleben.de** finden Sie viele gute Tipps für den Familienalltag und Expertenwissen.

ALLEIN ODER GETRENNT?

Es gibt viele Familienformen: Auch Kinder, deren Eltern nicht mehr als Paar zusammenleben, können eine schöne Kindheit und eine gute Beziehung zu beiden Eltern haben.

Eltern bleiben

✓ Klare Regeln sind wichtig: Lebt das Kind nur bei einem Elternteil, sieht aber das andere regelmäßig? Oder lebt es im Wechsel bei beiden Eltern? Beide Modelle können gut sein. Eltern bleiben auch nach der Trennung Eltern.

✓ Es sollte den Eltern gelingen, das Wohl des Kindes in den Mittelpunkt zu stellen. Jede Familie muss ihre eigene Lösung finden.

✓ Nutzen Sie Hilfsangebote vom Jugendamt oder Beratungsstellen, wenn es Streit oder Unklarheiten gibt. Gelingt es gar nicht, sich zu einigen, entscheidet ein Familiengericht.

✓ Ist der alleinerziehende Elternteil berufstätig, muss der Alltag mit Kind und Beruf besonders gut geregelt sein. Wichtig: ein gutes Netz für Notfälle oder Krankheit schaffen.

✓ Beinahe jede fünfte Familie besteht aus nur einem Elternteil. Eine Trennung kann auch ein Neustart sein.

TIPP

Unterstützung für Alleinerziehende
Vor Ort bieten Caritas, AWO und soziale Träger Unterstützung. Hilfe und Unterstützung finden Sie auch beim Verband alleinerziehender Mütter und Väter (www.vamv.de) und im Internet etwa unter www.alleinerziehend.net und www.mama-arbeitet.de.

HIER FINDEN ELTERN HILFE

Manchmal wird einem einfach alles zu viel. In so einem Moment sollten sich Eltern nicht scheuen, professionelle Hilfe und Unterstützung zu holen.

Wenn alles zu viel wird

✓ **Telefonseelsorge:** 0800/111 0 111 oder 0800/111 0 222.

✓ **Elterntelefon:** Konkrete Tipps und Informationen erhalten Eltern unter 0800/11105 550 oder **www.nummergegenkummer.de**.

✓ **Österreich:** Das Elterntelefon 142 ist aus ganz Oberösterreich kostenlos. Aus allen anderen Bundesländern ist es unter 0732-142 zum Ortstarif erreichbar.

✓ **Schweiz:** Unter dem Elternnotruf 0848 35 45 55 finden gestresste Eltern rund um die Uhr Hilfe (**www.elternnotruf.ch**).

✓ **Rat von Experten:** Die Bundeskonferenz für Erziehungsberatung bietet unter **www.eltern.bke-beratung.de** Onlineberatung und Adressen vor Ort.

✓ **Deutscher Kinderschutzbund:** Unter **www.dksb.de** erhalten Sie Beratung und Information.

✓ **Kuren und Auszeiten:** **www.muettergenesungswerk.de** (auch für Papas).

✓ **Vor Ort:** Die Jugendämter und Erziehungsberatungsstellen sowie Diakonie, Caritas und AWO bietet in vielen Städten und Gemeinden Unterstützungsangebote an.

✓ **Buchtipp:** *Die Kunst, keine perfekte Mutter zu sein. Das Selbsthilfebuch für gerade noch nicht ausgebrannte Mütter* von Nathalie Klüver (Trias Verlag).

ENTWICKLUNG IM ÜBERBLICK: DIE ERSTEN DREI JAHRE

DAS ERSTE JAHR

Ein Baby wächst im ersten halben Jahr enorm und erlebt Meilensteine der Entwicklung. Die Übersicht liefert nur Anhaltspunkte – jedes Kind hat seinen ganz eigenen »Fahrplan«.

1. Monat

Körperliche Entwicklung

- ✓ Reflexe bestimmen die Bewegungen.
- ✓ Der Kopf kann noch nicht gehalten werden.
- ✓ Oft noch gekrümmte Haltung wie im Mutterleib.

Geistige Entwicklung

- ✓ Das Baby kann 20 bis 25 Zentimeter weit sehen.
- ✓ Es reagiert auf Geräusche und die Stimmen seiner Eltern.
- ✓ Es versucht, Gesichtsausdrücke nachzuahmen.
- ✓ Es kann schreien und kehlige Laute von sich geben.

Soziale Entwicklung

- ✓ Das Baby sucht Nähe und Bindung zu Mama und Papa.
- ✓ Es spürt Geborgenheit.
- ✓ Hautkontakt ist jetzt besonders wichtig.

2. Monat

Körperliche Entwicklung

✓ In der Bauchlage kann das Baby sich kurz abstützen, den Kopf kurz halten und etwas drehen.

✓ Das Strampeln wird bewusster.

✓ Erste Greifversuche.

Geistige Entwicklung

✓ Das Baby verfolgt mit Augen und Kopf aufmerksam einen Gegenstand.

✓ Es formt erste Laute wie »Ä« und »U«.

Soziale Entwicklung

✓ Das erste bewusste Lächeln.

✓ Das Baby wird aktiver, nimmt an seiner Umgebung teil.

✓ Es mag erste Fingerspiele und Lieder.

3. Monat

Körperliche Entwicklung

✓ Das Baby kann den Kopf jetzt länger in der Bauchlage halten und übt den Unterarmstütz.

✓ Erstes gezieltes Greifen und Festhalten. Loslassen kann es aber noch nicht von alleine.

Geistige Entwicklung

✓ Das Baby verfolgt alles mit seinen Blicken.

✓ Kräftiges Schreien und Ausprobieren von Geräuschen.

✓ Es zeigt, ob es hungrig oder zufrieden ist, und kann stimmhaft lachen.

Soziale Entwicklung

✓ Probieren Sie aus, wie Ihr Baby auf Geräusche reagiert.

✓ Ein Lieblingsspiel in dem Alter: Wenn die Eltern sich hinter einem Tuch verstecken.

---

4. Monat

Körperliche Entwicklung

✓ Das Baby beherrscht den Unterarmstütz und kann den Kopf länger halten und gezielt greifen.

✓ Einige können sich aus der Rückenlage auf den Bauch rollen.

Geistige Entwicklung

✓ Die Welt will mit allen Sinnen entdeckt werden.

✓ Das Baby fängt an, alles in den Mund zu stecken.

✓ Es übt sich an verschiedenen Tönen.

Soziale Entwicklung

✓ Das Baby möchte aktiv teilhaben.

✓ Es fordert deutlich Aufmerksamkeit.

✓ Es kann nun nicht nur Freude, sondern auch Wut deutlich zeigen.

---

5. Monat

Körperliche Entwicklung

✓ Das Baby stützt sich auf Knie und Ellbogen ab und wippt dabei.

✓ Das Drehen wird perfektioniert.

✓ Hat das Baby begriffen, wie es geht, beginnt es, sich durch Rollen fortzubewegen.

Geistige Entwicklung

✓ Zusammenhänge werden langsam verstanden: Werfe ich einen Gegenstand runter, hebt Mama ihn auf. Drücke ich die Quietscheente, macht sie ein Geräusch.

Soziale Entwicklung

✓ Das Baby kann bekannte von unbekannten Gesichtern unterscheiden, das erste Fremdeln beginnt.

✓ Lieblingsspiel: etwas auf den Boden werfen und aufheben lassen.

6. Monat

Körperliche Entwicklung

✓ Das Baby hebt nun auch in der Rückenlage den Kopf.

✓ Es übt Wippen und Landen in der Sitzhaltung.

✓ Manche bewegen sich gezielt durch Rollen vorwärts.

✓ Das Baby lernt nun auch, mit nur einer Hand zu greifen.

Geistige Entwicklung

✓ Das Baby beginnt, erste Worte zu verstehen. Auf die Frage »Wo ist Teddy?« guckt es zum Bären.

✓ Es versteht, dass es aktiv handeln und so etwas bewirken kann.

Soziale Entwicklung

✓ Das Baby streckt die Arme aus, damit man es hochnimmt.

✓ Es zeigt deutlich, was es möchte.

7. bis 9. Monat

Körperliche Entwicklung

✓ Das Baby beginnt zu robben. Nach dem Robben fängt es an, sich auf alle viere aufzurichten und hin und her zu wippen. Aus dieser Bewegung wird Krabbeln.

✓ Manche Babys überspringen das Robben, andere das Krabbeln.

✓ Das Baby lernt, sich hinzusetzen und im freien Sitz zu halten. Erst jetzt sollte es auch in die sitzende Position gebracht werden!

✓ Es lernt den Scherengriff mit Daumen und Zeigefinger.

Geistige Entwicklung

✓ Das Baby erforscht Gegenstände immer mehr mit den Händen und nicht nur mit dem Mund.

✓ Ab neun Monaten reift das Kurzzeitgedächtnis – ein wichtiger Entwicklungsschritt. Das Baby erinnert sich nun, dass ein Gegenstand da war, auch wenn er nicht mehr im Blickfeld ist.

✓ Es ahmt das Sprechen der Eltern nach und beginnt, die ersten Silbenketten zu bilden.

Soziale Entwicklung

✓ Das Baby liebt es, andere Gesichter anzuschauen und auch zu betasten.

✓ Um den achten Monat herum fremdelt das Baby besonders stark.

✓ Es lässt sich von den Gefühlen seiner Eltern anstecken und übernimmt Gesichtsausdrücke.

✓ Es ist hin- und hergerissen zwischen der Neugier, die Welt zu entdecken, und der Trennungsangst.

10. bis 12. Monat

Körperliche Entwicklung

✓ Das Krabbeln wird perfektioniert. Es ist aber auch normal, wenn Babys erst mit zehn Monaten das Krabbeln lernen.

✓ Das Baby beginnt, sich in den Stand zu ziehen und erste Schritte um einen Tisch herum zu machen.

✓ Einige Babys machen mit elf oder zwölf Monaten ihre ersten Schritte allein, doch es ist ganz normal, wenn sich ein Baby mit dem Laufen Zeit bis zum 20. Monat lässt.

✓ Das Baby perfektioniert den Pinzettengriff mit den Fingerkuppen von Daumen und Zeigefinger.

Geistige Entwicklung

✓ Das kausale Verständnis entsteht ab neun Monaten: Das Baby kennt nun das Prinzip von Ursache und Wirkung.

✓ Es sagt zum ersten Mal »Mama« oder »Papa«.

✓ Es versteht einfache Aufforderungen.

Soziale Entwicklung

✓ Das Baby ahmt Gesten nach und klatscht in seine Hände und schüttelt den Kopf, wenn es etwas nicht möchte.

✓ Wenn man ihm einen Spiegel hinhält, bietet es dem Spiegelbild Spielsachen an oder sucht hinter dem Spiegel nach dem Baby, das es anblickt.

DAS ZWEITE JAHR

Im zweiten Lebensjahr werden vor allem das Laufen und Sprechen perfektioniert. Gerade was das Letztere betrifft, machen
Kinder eine rasante Entwicklung durch. Die Unterschiede in
der Entwicklung zwischen Kindern sind aber weiterhin groß:
Lassen Sie sich deshalb nicht von anderen Eltern verunsichern und sprechen Sie Fragen und Sorgen beim Kinderarzt
an. Die Unterschiede werden meist schnell ausgeglichen –
manche Entwicklungsschritte kommen quasi über Nacht.

13. bis 18. Monat

Körperliche Entwicklung

✓ Die meisten Kinder lernen zwischen dem 13. und 14. Monat das freie Laufen. Die Bandbreite ist jedoch sehr groß. Das Laufenlernen beginnt mit
dem Hochziehen in den Stand und den ersten Schritten mit Festhalten.

✓ Das Laufen wird perfektioniert: Der tapsige breitbeinige Gang wird
schnell sicherer.

✓ Das Kind lernt, sich kontrolliert aus dem Stehen wieder hinzusetzen und
wieder aufzustehen oder sich zu bücken und etwas aufzuheben.

✓ Die meisten Kinder lernen erst jetzt, Dinge gezielt loszulassen, die sie
vorher gegriffen haben.

✓ Das Kind lernt, alleine einen Löffel und eine Tasse zu halten und auch
zum Mund zu führen.

Geistige Entwicklung

✓ Zwischen dem 15. und 18. Monat fangen Kinder an, Dinge zu stapeln.
Bauklötze sind nun beliebt – ebenso wie das Guck-guck-Spiel.

✓ Das Interesse am Sprechen der anderen wird größer, das Kind lernt die ersten Wörter sprechen, der passive Wortschatz ist deutlich größer als der aktive. Und: Das Sprechenlernen erfolgt in Schüben.

✓ Das Kind kann auf Körperteile zeigen, wenn sie genannt werden.

✓ Mit einer Kombination aus Gesten und ersten Wörtern kann das Kind bereits ausdrücken, wenn es etwas haben oder nicht machen möchte.

✓ Zwischen dem 15. und 18. Monat bildet es die ersten Zwei-Wort-Sätze.

Soziale Entwicklung

✓ Das Kind beginnt beim Spielen, andere nachzuahmen.

✓ Die ersten Trotzreaktionen treten auf und steigern sich in den nächsten Monaten.

✓ Das Kind interessiert sich immer mehr für andere Kinder, aber noch spielen sie nebeneinanderher statt miteinander.

✓ Immer häufiger werden Verhalten und Spiel anderer nachgeahmt.

19. bis 24. Monat

Körperliche Entwicklung

✓ Das Laufen wird immer sicherer und schneller.

✓ Das Kind kann sich alleine hinsetzen und aufstehen.

✓ Es kann nun beim Laufen auch etwas in der Hand tragen.

✓ Das Kind übt die ersten Schritte rückwärts und seitwärts.

✓ Mit etwa 18 Monaten gelingt das Treppensteigen immer sicherer.

✓ Die meisten Kinder bekommen langsam Interesse am Töpfchen und entwickeln das erste Gefühl für die Blasen- und Darmentleerung.

✓ Das Kind lernt, sich alleine auszuziehen – wenn auch zunächst noch mit der Hilfe der Eltern.

✓ Das Interesse am Malen wächst, einige Kinder können nun schon die ersten geraden Striche zeichnen.

✓ Die Feinmotorik wird immer besser. Das Kind kann winzige Papierschnipsel gezielt greifen und bastelt und klebt gern.

✓ Mit 18 Monaten wird das Kind immer geschickter, es kann mit Bauklötzen immer höhere Türme bauen.

Geistige Entwicklung

✓ Das Kind versteht nun auch schon längere Sätze und Aufforderungen.

✓ In einem Bilderbuch kann es auf entsprechende Bilder zeigen, wenn das Wort gesagt wird, und auch die ersten Bilder benennen.

✓ Am Ende des zweiten Lebensjahres können Kinder in der Regel etwa 50 Wörter sprechen – die Bandbreite in der Sprachentwicklung ist jedoch groß.

✓ Die Aufmerksamkeitsspanne wächst, das Kind verfolgt gern kleine Geschichten in Büchern und benennt Gegenstände und Tiere.

✓ Das Kind entwickelt eine Vorstellung von sich selbst als eigenständige Person und drückt dies auch aus.

✓ Es fängt an, Geschlechter nach Äußerlichkeiten wie Stimme, Kleidung und Frisur einzuordnen.

✓ Bis zum Ende des zweiten Lebensjahres unterscheiden Kinder zwischen Frauen und Männern und wissen, ob sie Mädchen oder Junge sind.

Soziale Entwicklung

✓ Der eigene Vorname wird zum ersten Mal gebraucht. Das Kind spricht von sich in der dritten Person.

✓ Ab eineinhalb Jahren beginnen Kinder, sich im Spiegel selbst zu erkennen und auch gerne anzuschauen und Grimassen zu schneiden.

✓ Zum Ende des zweiten Lebensjahres legen Kinder einfache Puzzles.

✓ Das Kind begreift sich immer mehr als eigene Person.

✓ Es beginnt kleine Rollenspiele, füttert die Puppe oder den Teddy.

✓ Es begreift die Welt mit allen Sinnen, möchte vieles fühlen, riechen und anfassen. Es begreift, dass Dinge ihren festen Platz haben, und sortiert nach Farben. Es möchte gern im Haushalt »mithelfen«.

DAS DRITTE JAHR

Ihr Kind wird immer selbstständiger und will immer mehr alleine erledigen. Geben Sie ihm dazu die Zeit und den Freiraum, auch wenn es manchmal lange dauert. Die meisten Kinder sind nun mitten in der Trotzphase – und nach wie vor hat jedes Kind sein eigenes Tempo: Die einen sind etwas früher dran, die anderen später. Das wird auch noch länger so bleiben. Das Tempo sagt nichts über die Entwicklung oder gar den Erfolg in der Schule aus – lassen Sie sich also nicht unnötig verunsichern. Ihr Kinderarzt wird Sie bei den Vorsorgeuntersuchungen auf eventuellen Förderbedarf hinweisen.

25. bis 30. Monat

Körperliche Entwicklung

✓ Das Kind lernt, einen Ball mit einer kurzen Unterarmbewegung zu werfen. Fangen dauert noch, das lernt es in der Regel erst ab dem Ende des dritten Lebensjahres oder im vierten Lebensjahr.

✓ Das Kind ist motorisch in der Lage, ein Dreirad zu fahren.

✓ Die ersten Sprünge werden geübt und immer häufiger gelingt es dem Kind, sich mit den Füßen vom Boden abzustoßen.

✓ Im Laufe des dritten Jahres lernt das Kind, auf einem Fuß zu balancieren.

✓ Der Bewegungsdrang nimmt stark zu – und Sie sollten ihm genug Raum geben. Allerdings ist die Bandbreite der motorischen Entwicklung in diesem Alter sehr groß.

✓ Unter Aufsicht kann das Kind bereits mit der Schere schneiden und Perlen auf eine Kette auffädeln.

✓ Manche Kinder malen bereits sehr gerne, ihre Bilder sind aber meist noch Kritzeleien.

✓ Das Kind kann sich alleine an- und ausziehen.

✓ Das Gefühl für die Blasen- und Darmentleerung wird immer ausgeprägter.

Geistige Entwicklung

✓ Statt zu stapeln, fängt das Kind an, Gegenstände in eine Reihe zu legen.

✓ Es lernt, Dinge nach Kategorien zu ordnen, sodass es Gegenstände nun nach Farben und auch nach Formen sortieren kann.

✓ Das Sprachverständnis und der Wortschatz wachsen rasant.

✓ Einige Kinder beginnen zu stottern; das legt sich in der Regel jedoch wieder und ist kein Grund zur Sorge.

✓ Im Laufe des dritten Lebensjahres beginnt das Kind zum ersten Mal, von sich als »ich« zu sprechen.

Soziale Entwicklung

✓ Zwischen dem zweiten und dritten Geburtstag ist die Trennungsangst bei Kindern am stärksten ausgeprägt. Gleichzeitig beginnt sich das Kind langsam von den Eltern zu lösen und gerät so in einen emotionalen Konflikt, der oft in Wutanfällen endet.

✓ Das Kind möchte nun alles selbst ausprobieren und machen.

31. bis 36. Monat

Körperliche Entwicklung

✓ Das Schneiden mit der Schere und Perlenauffädeln wird perfektioniert, die Bewegungen werden immer flüssiger, dabei können immer kleinere Formen ausgeschnitten werden.

✓ Beim Malen entstehen die ersten Kringel und Kreise. Der Stift wird dabei noch mit der gesamten Hand umfasst.

✓ Viele Kinder werden im Laufe des dritten Lebensjahres zumindest tagsüber trocken. Unterschiede sind ganz normal, ebenso, dass nachts fast
immer noch eine Windel getragen wird.

✓ Mit etwa zweieinhalb kann das Kind auf Zehenspitzen gehen.

✓ Es kann nun rennen, klettern und ist sehr mobil. Es ist rasch irgendwo hi-
naufgeklettert, schnell aus der Haustür gesaust, hat aber noch kein Be-
wusstsein für Gefahren. Vorsicht!

Geistige Entwicklung

✓ Das Kind beginnt, horizontales und vertikales Bauen zu verknüpfen, und
kann Treppen bauen oder mit den ersten Duplo-Steinen konstruieren.

✓ Es perfektioniert das Sprechen, die Sätze werden länger und der Satzbau
wird komplexer.

✓ Seine Sprache wird immer verständlicher.

✓ Mit zunehmendem Sprachverständnis beginnt das Kind, Warum-Fragen
zu stellen, um Zusammenhänge zu erforschen.

✓ Es liebt Bilderbücher und beginnt, Geschichten zu verstehen.

✓ Das kognitive Verständnis wächst immer mehr. Das Kind kann sein Alter
benennen und hebt zwei Finger in die Luft, wenn es danach gefragt wird.

✓ Die Raumwahrnehmung wird besser. Es versteht Begriffe wie »oben«,
»unten«, »hinten« und »vorne«.

Soziale Entwicklung

✓ Gegen Ende des dritten Lebensjahres nimmt die Trennungsangst ab.

✓ Andere Kinder sind nun die beliebtesten Spielpartner, die Spiele werden
immer interaktiver.

✓ Das Kind spielt mit anderen Kindern oder alleine längere Rollenspiele.

✓ Es löst sich immer mehr von den Eltern und wird selbstständiger.

✓ Es beobachtet die Eltern genau, möchte beim Einkaufen, Tischdecken
oder Kochen helfen.

✓ Mit zunehmendem Sprachvermögen kann es seine Gefühle ausdrücken.

DIE VORSORGE-UNTERSUCHUNGEN

U1 BIS U8

Vorsorgeuntersuchungen (Us) sollen helfen, Krankheiten und Fehlentwicklungen vorzubeugen. In einigen Bundesländern sind sie mittlerweile Pflicht und ihre Kosten werden von den Krankenkassen übernommen. Die Vorsorgeuntersuchungen sind auch eine Gelegenheit, Sorgen und Probleme anzusprechen, wenn Ihnen etwas an Ihrem Kind aufgefallen ist oder Sie das Gefühl haben, dass es sich nicht richtig entwickelt. Der Kinderarzt trägt ab der U1 alles Wichtige in das gelbe Vorsorgeheft ein, sodass er über die Jahre gut verfolgen kann, wie sich ein Kind entwickelt. Vereinbaren Sie die Termine für die Vorsorgeuntersuchungen möglichst früh. Kinderärzte haben oft einen langen Planungszeitraum.

U1: Direkt nach der Geburt

✓ APGAR-Test: Hautfarbe, Herzschlag, Reflexe, Muskelspannung und Atmung werden überprüft – wie ist der Gesamtzustand des Babys?

✓ Vitamin K wird zum ersten Mal verabreicht.

U2: 3. bis 10. Lebenstag

- ✓ Wie ist der Zustand von Organen, Haut, Geschlechtsteilen, Knochen, Verdauungssystem und Reflexen?
- ✓ Liegen Fehlbildungen oder Geburtsverletzungen vor?
- ✓ Hat das Baby eine Neugeborenengelbsucht?
- ✓ Neugeborenen-Hörscreening.
- ✓ Screening-Tests auf Stoffwechselerkrankungen und Mukoviszidose.
- ✓ Zweite Vitamin-K-Gabe.
- ✓ Aufklärung über Vitamin-D- und Fluoridgabe sowie über die Risiken für den plötzlichen Kindstod.

U3: 4. bis 6. Lebenswoche

- ✓ Untersuchung der Reflexe und Reaktionen auf Reize.
- ✓ Kann das Baby auf dem Bauch einige Sekunden den Kopf heben?
- ✓ Hüft-Ultraschall.
- ✓ Trinkt das Baby ausreichend?
- ✓ Schreit es viel?
- ✓ Impfberatung.

U4: 3. bis 4. Lebensmonat

- ✓ Lächelt das Baby zurück?
- ✓ Hält es Blickkontakt?
- ✓ Verfolgt es Gegenstände mit den Augen?
- ✓ Stützt es sich in der Bauchlage auf den Unterarmen ab?
- ✓ Können die Hände spontan zur Körpermitte gebracht werden?

U5: 6. bis 7. Lebensmonat

✓ Beweglichkeit und Körperbeherrschung stehen im Mittelpunkt.
✓ Kann das Baby schon greifen?
✓ Kann es sich alleine drehen?
✓ Kann es Spielzeug von einer Hand in die andere wechseln?
✓ Kann es sich in der Bauchlage auf den Händen aufstützen?
✓ Gibt es verschiedene Laute von sich?
✓ Beratung über die Beikosteinführung und die erste Zahnhygiene.

U6: 10. bis 12. Lebensmonat

✓ Bildet das Baby erste Doppelsilben wie »Da-da«?
✓ Kann es sich in den Stand hochziehen und krabbeln?
✓ Überprüfung des Seh- und Hörvermögens.
✓ Kann das Baby bereits frei sitzen?
✓ Kann es Dinge mit Daumen und Fingern greifen?
✓ Bei auffälligen Entwicklungsstörungen Überweisung an Experten (Ergotherapeut, Augenarzt und andere).

U7: 21. bis 24. Lebensmonat

✓ Kann das Kind frei und sicher gehen?
✓ Kann es Treppen im Kinderschritt steigen?
✓ Kann es bereits kurz auf einem Bein stehen?
✓ Spricht das Kind erste Wörter?
✓ Versteht es einfache Aufforderungen?

✓ Kann es ein »Nein« mit Worten oder durch Gestik ausdrücken?

✓ Kann es Bausteine stapeln?

✓ Beratung bei Sprachverzögerungen und eventuelle Überweisungen an Logopäden oder Ergotherapeuten.

U7a: 34. bis 36. Lebensmonat

✓ Kann das Kind auch kleine Dinge präzise greifen?

✓ Kann es mindestens zwei Treppenstufen im Erwachsenenschritt steigen?

✓ Spricht es Drei-Wort-Sätze?

✓ Spricht es von sich in der Ich-Form?

Vorsorge ist wichtig

Sie haben ein offizielles Erinnerungsschreiben bekommen? In Baden-Württemberg, Bayern und Hessen sind U1 bis U9 verpflichtend. Auch in anderen Bundesländern erhalten Eltern eine schriftliche Aufforderung, ihr Kind beim Arzt vorzustellen. Wird der Termin nicht wahrgenommen, werden das Jugend- beziehungsweise das Gesundheitsamt informiert. Die Untersuchungen sollen Kinder nämlich schützen, da mit ihrer Hilfe Krankheiten und Auffälligkeiten früh erkannt werden können. Für die Untersuchung benötigen Sie die Krankenversicherungskarte, den Impfausweis und das gelbe Kinderuntersuchungsheft. »Üben« sollten Sie nicht, denn der Arzt möchte ja sehen, wie sich Ihr Kind entwickelt. Er urteilt nicht, sondern ist da, um zu helfen und zu unterstützen. Weitere Informationen finden Sie auch unter **www.kinderaerzte-im-netz.de/vorsorge/**.

BÜCHER, DIE WEITERHELFEN

Beste-Fopma, Nicole: Beruf und Familie – passt! Campus, Frankfurt

Bohlmann, Sabine: Ein Löffelchen voll Zucker ... und was bitter ist, wird süß. GU, München

Drust, Rike: Muttergefühle. Bertelsmann, München

Gaca, Anja C./Gaca, Christian: Von guten Eltern ... und glücklichen Paaren. Kösel, München

Gebauer-Sesterhenn, Birgit/Pulkkinen, Anne/Edelmann, Katrin: Die ersten 3 Jahre meines Kindes. GU, München

Illing, Stephan: Kinderkrankheiten verstehen und behandeln. GU, München

Kluge, Susanne: Die neue Babyernährung. Breie und Fingerfood für die Kleinsten. GU, München

Lanzke, Julia: Mom Hacks. Die genialsten Tipps & Tricks für Eltern zum Selbermachen. GU, München

Largo, Remo H.: Babyjahre. Piper, München

Lohaus, Stefanie/Scholz, Tobias: Papa kann auch stillen. Wie Paare Kind, Job & Abwasch unter einen Hut bekommen. Goldmann, München

Renz-Polster, Herbert/Imlau, Nora: Schlaf gut, Baby! Der sanfte Weg zu ruhigen Nächten. GU, München

Runge, Sandra: Don't worry, be Mami. Juristisches Know-how rund um Schwangerschaft, Geburt und Elternsein. Blanvalet, München

von Cramm, Dagmar: Kochen für Kleinkinder. GU, München

von Grone, Christiane: Das Großeltern-Handbuch. GU, München

Wiebe, Silia: Mut zur Lücke, liebe Eltern! Kösel, München

Widmer, Alexandra: Stark und alleinerziehend. Kösel, München

INTERNETADRESSEN, DIE WEITERHELFEN

www.eltern.bke-beratung.de
Infos des Fachverbands für Erziehungs- und Familienberatung

www.eltern.de
Informationen, Austausch und Rat der beliebten Elternzeitschrift

www.elternleben.de
Angebote der Organisation wellcome, Austausch und Expertenrat

www.familienhandbuch.de
Informationen des Staatsinstituts für Frühpädagogik

www.familien-wegweiser.de
Rechtliche Infos und mehr vom Bundesfamilienministerium

www.frische-brise.blogspot.de
Rezepte, Ideen und Erfahrungen einer fünffachen Mutter

www.ganznormalemama.com
Aus dem Alltag mit drei Kindern, Rezepte und Tipps

www.geborgen-wachsen.de
Informationen zum bindungsorientierten Leben mit Kindern

www.kindergesundheit-info.de
Fundierte Infos der Bundeszentrale für gesundheitliche Aufklärung

www.land-der-abenteuer.de
Tipps zum Spielen, Basteln und für Elternentspannung

www.liliput-lounge.de
Artikel und Informationen rund um das Leben mit Kindern

www.mama-arbeitet.de
Blog einer alleinerziehenden engagierten Mutter

www.mama-notes.de
Blog über Familie und Beruf

www.mannpluskind.de
Blog eines Erziehungsexperten und zweifachen Vaters

www.runzelfuesschen. blogspot.com
Nachhaltigkeit und Elternalltag – aus Mutter- und Vatersicht

www.urbia.de
Große Onlineplattform mit viel Austausch

www.vbm-online.de
Verband berufstätiger Mütter

www.vonguteneltern.de
Von Eltern für Eltern – mit fundiertem Hebammenwissen

REGISTER

IMPRESSUM

Projektleitung: Monika Rolle

Lektorat: Sylvie Hinderberger

Layout & Umschlaggestaltung: independent Medien-Design GmbH, Horst Moser, München

Herstellung: Susanne Fuhrmann

Satz: Christopher Hammond

Reproduktion: medienprinzen gmbh, München

Druck und Bindung: Drukarnia Dimograf, Polen

ISBN 978-3-8338-6545-9

1. Auflage 2018

GRÄFE
UND
UNZER

Ein Unternehmen der
GANSKE VERLAGSGRUPPE

BILDNACHWEIS

Illustrationen: GU-Archiv: Martin Haake – alle außer: Nadine Schurr: Klappe vorn, S. 2, 3, 5, 24, 37, 41, 57, 58, 71, 72, 74, 77, 82, 84, 87, 89, 94, 97, 98, 102, 104, 109, 116, 118, 126, 129, 139.

Weitere Abbildungen: Shutterstock: Umschlag vorn, S. 1, 5, 57, 89. Umschlagklappe hinten: Inga Sommer.

Syndication: www.seasons.agency

WICHTIGER HINWEIS

Die Informationen und Ratschläge in diesem Buch stellen die Meinung bzw. Erfahrung der Autorin dar. Sie wurden von ihr nach bestem Wissen erstellt und mit größtmöglicher Sorgfalt überprüft. Alle Leserinnen und Leser sind jedoch aufgefordert, selbst zu entscheiden, ob und inwieweit sie die in diesem Buch dargestellten Methoden, Tipps und Maßnahmen anwenden möchten und können. Weder Autorin noch Verlag können für eventuelle Nachteile oder Schäden, die aus den im Buch gegebenen praktischen Hinweisen resultieren, eine Haftung übernehmen.

Aus Gründen der besseren Lesbarkeit verwenden wir jeweils die Form »Arzt«. Damit sind aber sowohl Männer als auch Frauen gemeint (etwa Kinderärztinnen und Kinderärzte).

QUALITÄTS GARANTIE

GU

LIEBE LESERINNEN UND LESER,
wir wollen Ihnen mit diesem Buch Informationen und Anregungen geben, um Ihnen das Leben zu erleichtern oder Sie zu inspirieren, Neues auszuprobieren. Wir achten bei der Erstellung unserer Bücher auf Aktualität und stellen höchste Ansprüche an Inhalt und Gestaltung. Alle Anleitungen und Rezepte werden von unseren Autoren, jeweils Experten auf ihren Gebieten, gewissenhaft erstellt und von unseren Redakteuren/innen mit größter Sorgfalt ausgewählt und geprüft.

Haben wir Ihre Erwartungen erfüllt? Sind Sie mit diesem Buch und seinen Inhalten zufrieden? Haben Sie weitere Fragen zu diesem Thema? Wir freuen uns auf Ihre Rückmeldung, auf Lob, Kritik und Anregungen, damit wir Ihre Bücher immer besser werden können. Und wir freuen uns, wenn Sie diesen Titel weiterempfehlen, in Ihrem Freundeskreis oder bei Ihrem online-Kauf.

Sollten wir Ihre Erwartungen so gar nicht erfüllt haben, tauschen wir Ihnen Ihr Buch jederzeit gegen ein gleichwertiges zum gleichen oder ähnlichen Thema um.

KONTAKT
GRÄFE UND UNZER VERLAG
Leserservice
Postfach 86 03 13
81630 München
E-Mail: leserservice@graefe-und-unzer.de

Telefon: 00800 / 72 37 33 33*
Telefax: 00800 / 50 12 05 44*
Mo-Do: 9.00–17.00 Uhr
Fr: 9.00–16.00 Uhr
(*gebührenfrei in D,A,CH)

Die GU-Homepage finden Sie unter www.gu.de

f www.facebook.com/gu.verlag